中国教育学会“十二五”重点规划课题

中国青少年宫协会儿童媒介素养教育研究中心专项调研

互联网＋时代

Online Risks and Tactics for Children in Internet+ Era

儿童在线风险及对策

中国城市儿童网络安全研究报告

张海波
“儿童与媒介”课题组 著

南方日报出版社
NANFANG DAILY PRESS
中国·广州

图书在版编目（CIP）数据

中国城市儿童网络安全研究报告 ： 互联网+时代儿童在线风险及对策 / 张海波，“儿童与媒介”课题组著. —广州 ： 南方日报出版社，2016.9
ISBN 978-7-5491-1422-1

Ⅰ. ①中… Ⅱ. ①张… ②儿… Ⅲ. ①儿童教育－网络安全－研究报告－中国 Ⅳ. ①G611

中国版本图书馆 CIP 数据核字(2016)第 150777 号

ZHONGGUO CHENGSHI ERTONG WANGLUO ANQUAN YANJIU BAOGAO
中国城市儿童网络安全研究报告——互联网+时代儿童在线风险及对策
张海波 “儿童与媒介”课题组 著

出 版 人：周洪威
责任编辑：方 明 陈颂贤
封面设计：劳华义
责任技编：王 兰
责任校对：阮昌汉
出版发行：南方日报出版社
地 址：广州市广州大道中 289 号
电 话：（020）83000502
经 销：全国新华书店
印 刷：广州市怡升印刷有限公司
开 本：787 mm×1092 mm 1/16
印 张：13
字 数：246 千字
版 次：2016 年 9 月第 1 版
印 次：2016 年 9 月第 1 次印刷
定 价：30.00 元

投稿热线：（020）83000503 读者热线：（020）83000502

网址：http://www.nfdailypress.com/

发现印装质量问题，影响阅读，请与承印厂联系调换

致谢：

感谢中国青少年宫协会儿童媒介素养专项调研的组织和参与单位：中国青少年宫协会、共青团广州市委员会、广州市少年宫、北京学生活动管理中心、上海市青少年活动中心、天津青少年活动中心、重庆市少年宫、深圳市少年宫、成都市青少年宫、南京市青少年宫、沈阳市青少年宫、西安市青少年宫、武汉市青少年宫、宁波市青少年宫、厦门市青少年宫、兰州市少年宫、杭州市青少年活动中心、太原市少年宫、温州市妇女儿童活动中心、南宁市青少年活动中心。

感谢对调研工作给予指导和关心的各单位领导：许华平、魏国华、朱迎、孙柱、黄南冰、王健平、李学军、韩然赫、顾连祥、杨清波、贾陵京、杨俊东、郜世奇、蔡丰、花智谋、蒋秋、赵骞、王赐山、宁宏、曲征宇、张海、毛复平、雷利军、潘建亮、许辉煌、贾世素、黄建明、姚为民、孙正武、黄长志、马英伟、魏晓丽。

课题名称

中国教育学会“十二五”重点规划课题：“儿童与媒介”——中国城市儿童媒介素养状况及其媒介素养教育研究

课题组主要成员

张海波（组长） 杨晓红（副组长）

赵 晖 陈丽銮 郑楚卉 钱稍微 古雯瑶 徐 玥

调研组主要成员

张海波（组长） 杨晓红（副组长） 赵 晖 陈丽銮 郑楚卉 钱稍微

古雯瑶 徐 玥 陈鹏宇 张 橦 张 琳 陈 栋 侯利伟 徐士斌

曹 晨 彭 璐 刘 浏 尹卓婷 刘新武 杨加军 周晓祺 吴月梅

于 明 谢明环 孙心宇 茅菁文 陆 莎 马士钧 叶 盛

课题专家鉴定组及学术顾问

（除组长外按姓氏笔画排列）

鉴定组组长 范以锦 暨南大学新闻与传播学院院长、博士生导师

鉴定专家

李月莲 香港浸会大学新闻系主任、香港传媒教育学会副会长

何 薇 广州大学人文学院副教授

张人杰 广州大学教育学院教授、博士生导师

张志安 中山大学传播与设计学院院长、博士生导师

张学波 华南师范大学教育信息技术学院副院长、博士生导师

张晋升 暨南大学新闻与传播学院副院长

周洪威 南方日报出版社社长

赵 泓 华南理工大学新闻传播学院教授

袁爱玲 华南师范大学教育科学学院教授、博士生导师

学术顾问

卜 卫 中国社会科学院新闻与传播研究所研究员、博士生导师

Kwame Boafo 联合国教科文组织驻华代表处信息与传播处顾问

Andrea Caiola 联合国教科文组织信息与传播项目官

王天德 浙江传媒学院媒介素养研究所常务副所长、研究员

王 军 中国信息安全评测中心总工程师

石义彬 武汉大学新闻与传播学院院长、博士生导师

司 晓 腾讯科技公共战略研究部总经理、腾讯研究院秘书长

刘 康 美国杜克大学中国传媒研究中心主任

李 斌 新华社国内部编委、高级记者

余冠仕 中国教育学会新闻宣传分会秘书长

骆冬松 南京理工大学设计艺术与传播学院新闻系主任

高 钢 中国人民大学新闻学院院长、博士生导师

堵 力 中国青年报教育新闻部主任、高级记者

内容简介

21世纪的头十年，人类进入了移动互联网时代。新媒介（本报告所指的新媒介是指以手机和平板电脑为代表的移动互联网工具和以社交媒体为代表的移动互联网应用）引发的新一轮的技术革命，改变了诞生于这个时代的00后儿童的生长环境和生活方式。

在中国全面进入“互联网+”的时代背景下，新媒介对00后儿童的成长究竟产生了哪些影响？儿童在网络世界究竟面临怎样的风险，我们应该如何科学有效地应对儿童所面临的网络安全问题?

中国教育学会“十二五”重点科研规划课题“‘儿童与媒介’——中国城市儿童媒介素养状况及其媒介素养教育研究”对此进行了全面系统的调研。调研覆盖全国18个重点城市，共约20000名3～14岁儿童及其家长接受了问卷调研及个人访谈，产生了一系列研究成果，本报告便是其中之一。

在这次调研结果的基础上，本报告围绕儿童网络安全这一社会热点问题，通过国内外文献梳理和多年的教育实践提出了基于家庭环境下的儿童在线风险研究框架，并系统研究了中国城市儿童的新媒介接触状况、在线活动和在线风险状况，描绘了中国儿童数字化成长的轨迹和相关特征，指出儿童在数字化成长中遭遇的主要在线风险，以及当前家庭媒介教育中存在的突出问题。最后，报告提出了应对儿童网络安全问题的三大对策：建立符合国情的儿童新媒介素养评估框架，构建“官商民”三位一体的网络安全保障体系，实施以家庭教育为核心的全民网络安全和媒介素养教育。

Abstract

The first decade of 21st century is regarded as the dawn of the mobile Internet era. New media, represented by mobile Internet and social media, has revolutionalized the way we interact with others and indelibly, the social lives and enviornement of children born in this era have been shaped by the imminent ubiquity of new media.

China, the largest developing country in the world, is involved in this revolution inevitably. In this context, some crucial questions are raised such as how new media impacts Chinese children's growth, what online risks they face, how educators and parents cope with it.

To answer those questions, "Children and Media: Research on Media Literacy and Education of Chinese Urban Children", the key research project in 12th five-year-plan of The Chinese Society of Education, has launched a nationalwide research. From September 2014 to September 2015, 18 Children Palaces from different cities across China have participated in it with a mixed methodology of questionnaire and face-to-face interview on over 20,000 children aged from 3 to 14 and their parents. This report is part of this research.

Focusing on children's online safety, this report develops a research framework on children's online risk based on the family environment. Research describes the path of childrens' growth in a mobile internet era, identifies some key themes that chracterise their growth and the main online risks faced by them. Besides, the digital gap and challenge within families are discussed. At last, resersach points out the crucial role of family education in children's growth in digital age and proposes three possible ways to implement online safety education including developing new media literacy framework for children conslstent with national circumstances, establishing a online security system constituting of government, companies and public and highlighting family education in the education system for all on online safety.

课题研究历程回顾

2015年4月24日，“‘儿童与媒介’全国主要城市青少年宫儿童媒介素养状况专项调研”专家研讨会在广州市第二少年宫成功召开。联合国教科文组织信息与传播项目官Andrea Caiola（安卓），中国教育学会新闻宣传分会秘书长余冠仕，以及来自国内的专家学者和参与本次调研的课题组老师等20余人参加了此次研讨会。

2015年6月18日，“2015年全国青少年宫系统儿童媒介素养活动专题研讨及工作交流会”在天津召开。中国青少年宫协会相关领导，以及参与调研的18个国内主要城市的代表出席本次会议。大家在会上进行了学习交流。课题组负责人张海波介绍调研的总体情况和初步成果。

2015年6—8月，课题组与相关专业机构合作，对问卷进行了数据录入、深度访谈整理，进行问卷的撰写工作。

2015年9月，课题组在北京召开调研报告的发布会。中国青少年宫协会、教育部基础教育一司、中国教育学会、联合国教科文组织驻华代表处等单位的领导和专家出席。新华社、《中国教育报》、中国教育电视台、《中国青年报》、教育部官方微信等媒体进行了专题报道。

2015年12月31日，中国教育学会同意结题并颁发结题证书。

专家鉴定组意见

由广州市少年宫张海波负责的中国教育学会“十二五”科研规划课题“‘儿童与媒介’——中国城市儿童媒介素养状况及其媒介素养教育研究”（课题编号：19141209A），于2015年12月18日在广州市第二少年宫进行了结题评审会议。课题鉴定组通过听取汇报、互动研讨、检阅资料等方式，对本课题进行了认真评议，并形成了如下鉴定意见：

1. 选题新颖，目标明确，研究方法得当。本课题的选题立足于当前的“互联网+”时代背景下，能具体针对我国城市儿童的媒介接触、使用和素养状况，采用了问卷调查法及访谈等多种方法进行研究，并提出了应对性策略，研究思路清晰，填补了国内相关领域研究的空白。

2. 研究过程扎实，数据翔实，具有代表性。本课题通过“儿童与媒介”专项调研，联合全国18个城市青少年宫（活动中心）开展此项研究，地域广泛、具有代表性，调研数据翔实，具有较高可信度和说服力。同时，也为今后的媒介素养教育实践或相关研究提供了依据。

3. 研究成果丰硕，有创新性，推广价值大。本课题研究成果观点鲜明，分析到位，其中还率先提出了“中国城市儿童新媒介素养框架”，较为周全地包括了3个维度和10大领域，并力图使之符合中国本土儿童的媒介使用情况和成长规律，十分难得可贵。此研究成果对“互联网+”时代国家有关部门实施“网络安全和媒介素养教育”提供了基于本土实证研究的理论依据，具有较大的推广价值。

鉴于此，鉴定组一致同意建议中国教育学会予以本课题结题和重点推介。

专家鉴定意见摘要

“儿童与媒介”课题有很强的针对性，研究报告是在经过大量的调查研究和进行数据搜索、分析形成的。能掌握的情况翔实，数据和调查的相关材料有说服力。观点鲜明，分析到位。研究的目的明确，研究方法对头，研究的结论对国家有关部门“从小做好全面的媒介素养教育”的决策有启迪作用。

——暨南大学新闻与传播学院院长、博士生导师　范以锦

这是一个很难得的大规模全国性儿童媒介素养调研，无论是数据量及省市代表性，都是很多其他国家的同类研究比不上的。

这个研究的社会意义重大。世界正迈向“移动网络社会”及“知识社会”，我们需要了解中国儿童的数码成长情况，让教育工作者可以规划怎样去培养中国的数码世代儿童，令他们能够成为有能力的知识工作者。

这个研究提出了一个具原创性的儿童媒介素养框架，如稍后能结合外国文献进一步优化，将很具学术价值。

———香港浸会大学新闻系主任、香港传媒教育学会副会长　李月莲

由张海波主持完成的这份研究报告，问题意识清晰，文献综述全面，问卷设计科学，调研数据严谨，且报告的结构具有逻辑性，研究具有专业性，内容具有丰富性。

这份报告对00后城市儿童媒介接触、媒介参与、媒介风险防范及礼仪等三个层次的特征揭示，结论的说服力较强，对策实用性较高，且相关研究观点富于启发。总体上看，这是近年来国内针对城市儿童媒介素养现状最全面、系统深入的一次大型调查及专业研究，这份研究报告是这个领域极具特色和影响力的高水平成果。未来建议在此样本基础上进行长期跟踪，并进行适当的城乡儿童媒介素养比较研究，以产生更多相关成果。特此鉴定。

——中山大学传播与设计学院院长、博士生导师　张志安

张海波主持（全国18个城市青少年宫参与）的此项研究，历时才一年多，却已在实证研究和理论探索等方面都取得了令人瞩目的成果。

就实证研究而言，这是目前国内同类研究中研究内容更全面，数据搜集更严谨，研究结果更可靠的大型调研。显然，约20000名3～14岁儿童及其家长所组成的大样本，是构成“更全面”“更严谨”和“更可靠”诸优点的主要缘由。

另就理论探索而言，我们特别要强调的是此项研究率先提出了中国城市儿童新媒介素养评估框架。它较为周全地包括了3个维度和10大领域。更为难得的是，构建中力图使之符合“中国本土儿童媒介使用习惯和成长规律”，凸显了一种可取的设计理念。

事实上，《结题报告》最后指出要“进一步研究的”三个问题也很重要，尤其是前两个问题（即新媒介素养评估框架的验证与完善，以及对农村儿童媒介素养水平的调查）完全可以列为后续研究的优先选题。往深处看，这里实际上是对研究进行的研究，已经超越了课题预设的目标。

鉴于此，张海波主持的这项课题研究，建议给予正式结题和重点推介。

——广州大学教育学院教授、博士生导师　张人杰

作为一种儿童社会化的平台，社交网络能传播什么，怎么传播，直接影响其成长过程。因此知晓城市儿童媒介素养状况的现实意义重大，儿童即未来，但是作为研究的价值在于影响或改变儿童的外部环境，这方面可以提出一些建设性的意见，强化问题意识。

——暨南大学新闻与传播学院副院长　张晋升

本项目聚焦的对象为00后的群体及家长，从幼儿园到中学，进行了大规模的调研，对于掌握城市儿童及家长的媒介素养现状非常有价值，并为进一步提升儿童及家长的媒介素养提供了决策数据支持。

项目从媒介接触和使用、媒介行动、媒介素养和网络安全几个维度进行了数据搜集和分析，从描述性数据中有力地说明了当前儿童及家长的媒介素养现状及存在问题。项目组开展了丰富的实践活动。

建议项目在已有数据的基础上进行相关分析和因果分析，探索当前现状背后的原

因，结合所发现的问题，提出决策建议报告。

——华南师范大学教育信息技术学院副院长、博士生导师　张学波

选题具有前沿性，颇具现实意义和实用价值，研究目标具体明确，研究设计合理，且工作量浩繁。研究有不少新的发现，研究成果丰硕。值得赞许的是，研究过程与实践活动已形成了良性互动，有效推进了少年儿童媒介素养的培养工作。已经完全达到了研究目的，完成了研究任务，同意项目结题。

——华南师范大学教育科学学院教授、博士生导师　袁爱玲

这是第一次在对全国青少年宫系统儿童媒介素养状况进行专项调查基础上的研究报告。采用问卷调查及访谈结果等研究方法，研究方法恰当，调研数据具有较高的可信度，具有代表性。样本大且问卷发放渠道科学。本研究很好地总结出了00后一代使用媒介的现状及网络对其行为、心理的影响，总结了儿童媒介使用特点。

本研究工作做得扎实、深入，对了解儿童媒介素养及加强媒介素养教育具有重要价值，今后的研究可以在引导儿童认识媒介上进一步加强。

——华南理工大学新闻传播学院教授　赵泓

该课题立足于当前“互联网+”的大背景下，针对我国儿童及其家长的媒介接触、使用和素养状况，以及当下00后儿童家庭媒介素养教育的现状，研究确认了儿童数字化成长的主要阶段，摸清了当下儿童在线面临的风险与机遇，并提出了国内儿童网络安全和媒介素养教育面临的新情况及应对策略。

课题目标明确、方法科学合理并具备创新性，能填补国内相关领域的研究空白，且成果显著，值得推广。若能对网络安全和媒介素养教育提出更加全面、系统的教育策略及方案，本课题的实践意义将更加重大。

——南方日报出版社社长　周洪威

由张海波主持的团队历时一年多完成，调研地域广泛，深入调研数据翔实，为基

础研究提供了大量难能可贵的资料。在网络时代，儿童媒介素养的教育十分迫切，具有深刻的社会意义。同时，研究反映的问题，也为今后的媒介教育实践提供了更深层的思考、如何遵循儿童成长规律引导儿童正确接触、认识、使用媒介，使媒介素养教育更好地融入学校，融入家庭，更接地气。望今后研究在解决问题的对策方面再下功夫。

——广州大学人文学院副教授　何薇

学术评审意见摘要

This report has taken into account important aspects when assessing media literacy such as the use of media disaggregated by age, gender, function, time and tool etc. They also include the issue of online safety and privacy as well as the digital gap between children and their parents. It is further noticed that in the few selected first-tier cities (Beijing, Shanghai, Guangzhou), the level of children' s access to media and interaction through the media is quite high. It is very impressive that 41.7% surveyed children have (at least once) been online content producer. At the same time, on the flip side, children are also facing challenges in this process. This demonstrates the urgent need to include media and information literacy in formal and non–formal education.

UNESCO promotes media and information literacy (MIL) as a combined set of competencies that empowers citizens to access, retrieve, understand, evaluate and use, to create as well as share information and media content in all formats, using various tools in a critical, ethical and effective way. UNESCO has developed Model Media and Information Literacy Curriculum for Teachers and Global MIL Assessment Framework, where are also available in Chinese. The Guangzhou Youth Palace' s Media Literacy Center enlourages students to make use of elements from these international instrument and framework to further advance the research. For instance, Chapter 3 of the MIL assessment framework looks at "What does it propose to do with the assessment results", which might be worth taking into consideration upon completion of the current assessment. UNESCO Beijing Office can also assist the Media Literacy Center to establish contact with the UNESCO Institute for Statistics (UIS) in order to provide technical expertise in in–depth analysis of the data collected through the national survey.

——联合国教科文组织信息与传播项目官　Andrea Caiola（安卓）

祝贺你们完成了全国范围内的中国儿童媒介素养调查项目。来自中国主要18个城市的儿童和父母参与完成了调查，收集到20000份问卷，这让我感到非常震惊。

我感到非常欣喜的是：报告运用了问卷调查法与面对面访谈法相结合的研究方法。尤其是针对低龄儿童的参与式访谈法，极大提升了问卷结果的有效性。这一份综合性的报告很有意义，很多数据让人印象深刻。

——联合国教科文组织驻华代表处信息与传播处顾问　Kwame Boafo

认真阅读了调研报告，认为该报告有着以下理论价值及实践意义：一是对00后的媒介使用情况做了大量实证研究，较为全面地呈现出我国城市儿童媒介素养的基本情况。这份调研报告是在问卷调查、访谈、观察等多种研究方法基础上形成的，基础工作繁重，数据量大，案例翔实，保证了其科学性。二是提出了当前儿童媒体素养教育中存在并需要进一步研究的问题，如代际数字鸿沟、网络隐私保护、网络安全以及网络成瘾等，这为开展深入的专项研究提供了一些重要方向。三是在研究过程中，将媒介素养教育应用到良好亲子关系培育上，不仅使研究有了实际应用成果，同时还将媒介素养教育从学校、社会深入到家庭，体现出家、校、社会三位一体的教育理念。

对下一步研究，我提两点建议：一是将调查从大中城市拓展到农村地区，同时关注随迁子女这一群体；二是在报告基础上，以政策建议等多种形式发挥更大作用。

——中国教育学会新闻宣传分会秘书长　余冠仕

中国青少年宫协会儿童媒介素养教育研究中心依托18个城市的青少年宫或活动中心，对00后儿童进行了媒介使用的问卷调查，以期说明00后儿童的媒介素养。其调查报告获得了宝贵的媒介使用数据，并提供了有关家庭使用、亲子关系对儿童媒介使用的影响、家长与儿童如何协商管理媒介使用等重要信息。

——中国社会科学院新闻与传播研究所研究员、博士生导师　卜卫

这是一次前所未见的关于中国少年儿童媒介素养状况的调查，这种覆盖范围广阔，涉及问题复杂的调查对于查明互联网环境中我国少年儿童的媒介使用的习惯、特点和规律，进而寻求培养少年儿童的信息使用能力和媒介运用能力的科学方法与有效途径具有重要意义。

——中国人民大学新闻学院院长、博士生导师　高钢

调研报告针对全国主要城市儿童媒介情况采用全国性问卷调查，并主要采用分层抽样和定点调查相结合的方法，获取了大量一手的丰富的调查数据。调查报告从媒介接触、媒介使用、数字化成长、媒介素养等方面分布展开问卷调查，调研整体设计合理、内容丰富多样、论述层次清楚，具有很强的社会意义。

——武汉大学新闻与传播学院院长、博士生导师　石义彬

这是一次全国性的较大规模的儿童媒介素养状况的调研，也是我国到目前为止，媒介素养研究内容最全面，数据搜集最严谨的一次大型调查。具有使用该调查成果开展分析，研究儿童与媒介关系的样本意义。

目前我国媒介关系研究呈踟躇不前的局面，学术性的深层研究严重缺少实践层面的经验支撑，也严重缺少具有分析意义的数据支撑。中国青少年宫协会儿童媒介素养教育研究中心所做的调查填补了空白。

建议广州市少年宫等充分利用这一调查成果，认真开展有效的梳理、综合、讨论和分析，建立符合“互联网+”时代特征的儿童媒介素养实证研究框架，形成儿童媒介研究系列成果，为社会以及政府开拓媒介素养教育提供有意义、有实效的咨询。

——浙江传媒学院媒介素养研究所常务副所长、研究员　王天德

报告全方位对00后城市儿童接触、了解互联网的情况进行了系统的调查，分析翔实。尤其是对“00后家庭的数字鸿沟”“00后家庭亲子关系”的调查与分析，对未成年人的教育、沟通及成长有积极作用，同样，这一报告对互联网企业如何更好地设计有利于未成年人智力发展与培养良好道德素养的产品有积极指导意义。

健康有益的网络文化、安全健康的网络环境对未成年人成长、融入互联网时代意义重大。希望后继报告能更好地指导相关产业能健康服务于未成年人。

——腾讯科技公共战略研究部总经理、腾讯研究院秘书长　司晓

1. 调查报告基于大量的案例和问卷调查，涵盖了全国18个主要城市，问卷设计科学合理，案例鲜活、生动。

2. 整体的项目主体明确，针对性强，在项目的顶层设计上不仅具有详略得当的特色，而且渗透着一种情怀，那就是对儿童成长的关注，也是对中国未来的关心。

3. 新媒体时代儿童媒介素养的教育是一个非常复杂的问题，仅立足于媒介角度去研究略显笼统，比如可以从环境学、儿童心理等相关领域专门进行研究，在研究成果上亦可在形式方面多考虑其丰富性。

——南京理工大学设计艺术与传媒学院新闻系主任　骆冬松

本报告设计精当，符合00后特点，能帮助父母更好地了解自己孩子的媒介习惯，更好地观察他们的行为是否超出限度，也厘清了社会舆论对00后的认识。这个报告非常有

学术价值，也有社会价值，也是学校、家庭研究少年儿童成长的重要依据，应该继续下去，做深、做细。

——中国青年报教育新闻部主任、高级记者　堵力

目录 CONTENTS

第一章
绪论

第一节　不安的新世界：儿童在线风险研究源起

21世纪的头十年，人类进入移动互联网时代。作为世界第二经济体的中国，网络通信产业高速发展，电视、网络、智能手机的用户世界第一，成为了新型的互联网大国。“十三五”期间，国家提出的网络强国战略、国家大数据战略、“互联网+”行动计划等，势必会使互联网与中国经济社会进一步融合，让互联网成为发展新动力。然而，在互联网对人类文明进步发挥更大促进作用的同时，由互联网引发的诸多问题也开始突出，在国家层面和社会层面造成一系列风险与隐患。其中，网络安全问题作为重大的战略问题被提了出来，十八届三中全会后成立的中央网络安全和信息化领导小组，中共中央总书记、国家主席、中央军委主席习近平亲自担任组长，正体现了党和政府对网络安全和信息化工作的高度重视。

当我们谈论网络安全问题时，有一个群体不能忽略，那就是儿童和青少年。截止至2015年12月，中国网民规模已达到6.88亿，互联网普及率达到了50.3%，其中24.1%是19岁以下的青少年网民，约1.66亿人（CNNIC，2016）。同时，青少年移动互联网的使用率也很高。根据中国青少年研究中心2013年的报告，青少年通过移动上网设备接入互联网的比率高达77.21%，其中超过50%的青少年在10岁之前就已接触移动互联网，而每周都上网的青少年占86.4%。毋宁说，他们比成年人更处于高度数字化生存中，许多研究者都称之为“数字时代的原住民”。然而，由于身心尚未健全，他们也最易受到网络的伤害。《2014年中国青少年上网行为研究报告》显示，相比起其他年龄段的网民，他们对互联网的依赖程度高，信任度高，网络安全意识薄弱。在日常生活中，我们也常常可以听到家长老师对儿童使用互联网的种种担忧，网络泛滥的色情暴力信息毒害儿童的心灵，结交网友带坏孩子，过度沉迷网络影响学习和视力……

随着移动互联网时代的到来，新媒介进一步深入儿童生活，儿童面临的网络安全问题也变得复杂起来，不仅网络安全事件猛增，而且主体也越来越低龄化，这引起了家长、教育者和社会的广泛担忧。儿童的网络安全问题，一方面指的是儿童作为一个网络“受害者”，在使用互联网时因网络的不良影响可能造成的身心健康以及财产危害；另一方面他们也有可能成为一个“加害者”，利用互联网对他人及社会造成危害。2015年10月18日下午，湖南省邵阳市邵东县发生一起“未成年人杀死女教师”恶性事件。3名中小学生到小学宿舍楼入室抢劫，杀死一名52岁女教师并将其手机及2000余元现金抢走。而制造这起案件的3名少年，均严重沉迷网络游戏，其中2名少年直至被抓，还在打游戏。这便是由于沉迷网络游戏而引发的极端暴力行为。同时，儿童由于社会阅历浅、情绪行为控制弱、安全法治意识淡薄，极易成为网络语言和暴力的参与者、发动者，危害社会治安甚至国家安全。

“面对互联网，应该怎样教育我们的孩子？”这成为家长和教育者感到迫切且迷茫的问题。事实上，翻开历史我们可以发现，纵观新媒介的发展史，电影、广播、卡通漫画、电视、流行音乐……这些新媒介的出现无不伴随着家长和社会的担忧。早在20世纪20年代，家长们就对充斥着“拳头+枕头”的好莱坞电影情节对儿童道德、价值观的侵蚀表示担忧。当时一个美国男孩看了电影《超人》，也学着超人披着斗篷从楼上往下跳。当然结果他没能像超人那样飞上天，而是摔死了。新媒介对儿童的影响，往往是学者们进行媒介研究的初衷，而研究也能够为政府制定政策提供事实依据，从法律等层面切实保障儿童权益。1928年，出于对电影的色情暴力等对儿童不良影响的担忧，美国电影调查委员会邀请了一大批心理学家、社会学家和教育学家，让他们来研究评估电影对儿童的影响。这项名为“佩恩基金会研究”的著名调研，促使美国最后出台了《海斯法案》，推动电影分级制度的出台。

中央网信办原主任鲁炜指出，国家的未来在青少年，网络的未来也在青少年。安全和发展是一体两翼、驱动之双轮。儿童的网络安全保障了儿童的健康成长，而只有培育造就新一代的“中国好网民”，才能培养和造就网络强国的建设者和合格的社会主义接班人。为此，我们急切地需要对儿童的互联网使用进行深入研究，探讨儿童网络安全问题的发生机制、影响因素及特点，才能对症下药，在儿童充分享用互联网机遇的前提下，保障儿童的网络安全，使其健康成长。

第二节　国内儿童网络安全研究综述

从文献检索上看，自1998年卜卫等学者开始提出并关注儿童网络安全问题至今，经过十几年的发展，已有一定的成果。目前，我国的儿童网络安全研究主要在以下几个方面：

第一，探讨儿童网络安全问题的行为体现和影响，网络成瘾、网络犯罪、色情侵犯、网络交友是关注的焦点。

在儿童网络安全的诸多问题中，网络成瘾的研究历史最久，成果也最为丰富。心理学和医学领域的学者将其称为“网络成瘾症”，它对儿童的人际交往（李万兵，2006）、社会性发展（崔丽娟、赵鑫、吴明证等，2006）等会产生消极影响，甚至会引发青少年越轨（刘涛，2006；陈浩然，2007）、犯罪（陈俊，2009）行为。正因为其严重后果，网络成瘾形成的心理机制得到了充分探讨（高文斌、陈祉妍，2006；程亮，2003）。研究者修订并应用了测量表（黄思旅、甘怡群，2006），并形成了较为完善的心理治疗对策（杨放如、郝伟，2005；林志雄、邹晓波、谢博等，2006）。研究发现，家庭环境（彭阳、周世杰，2007；邓林园、方晓义、伍明明等，2013；刘惠军、樊励方、国雪利，2009）是青少年网络成瘾的首要因素，因此也有不少研究者提出了社会工作的介入方式（张凤宁、张怿萍、邹锦山，2006；卓彩琴、招锦华，2008；陈秀红，2010）。

研究者认为网络与青少年犯罪有着密切关系。首先是网络对青少年犯罪有着诱发作用。网络文化、网络道德失范、网络游戏等都是引发、加剧青少年的不良行为转化为犯罪行为的新型诱因（张宗亮，2006；张宗亮，2004；陈伟，2010）。其次，青少年也可以利用网络工具或以网络为对象进行犯罪，实施网络犯罪。前者包括未成年非法侵入计算机信息系统罪、破坏计算机信息系统罪，后者则包括诈骗罪、诽谤罪、非法经营罪等（赵运锋、周静，2014）。

网络上的色情侵犯也严重损害了儿童的健康发展。学者认为网络上充斥的淫秽、色情信息以及一些网络违法者对儿童实施的性骚扰和性侵害严重侵害了儿童的性权益。金小红、刘旭（2007）将网络对于青少年的性越轨影响分为三类：性道德与性观念的冲击、网络色情文化的大肆传播及其影响、以网络为媒介的性越轨的新现象。

儿童的网络交往也得到了研究者的关注。一方面，儿童网络交友不慎和交往理性缺乏可能引发网络欺凌乃至网络暴力。陈昌凤（2013）认为，网络欺凌存在叠加影响，个人欺凌会转化为“众人欺凌”，并长时间持续。此外，由于网络欺凌行为的隐蔽性，儿童很难辨识“网霸”的真面目，从而比传统欺凌的受害者更不愿向家长或老师报告。另一方面，研究者也认为，过度沉溺网络会影响到儿童的现实交往（周静、冯秀琪，2003），导致社交淡漠（丁雪辰、张田、邓欣媚等，2015）或人际信任问题（朱京，2004）。

第二，探讨儿童网络安全问题的解决方案，主要从家庭教育、互联网治理、技术推进等视角提出对策。

在儿童网络安全问题提出之初，研究者提出的解决方案还是集中在家庭层面，提出“儿童安全上网ABC”“儿童安全上网10准则”“上网文明公约”“上网协议书”等等，呼吁家长关注儿童的健康上网。然而由于当时网络在青少年生活中并未普及，这些呼吁并没有得到足够的重视。

进入21世纪后，研究者们发现，网吧变成了青少年上网的主要场所，而“黑网吧”的泛滥对青少年成长则造成了恶劣影响，尤其是2002年“蓝极速网吧”事件之后，一批呼吁整顿网吧，净化少年儿童上网环境的文章随之出现（甘一辰，2002；王受仁，2002；于晓峰、张建国，2002等），“还青年儿童一个清朗的网络空间”成为政府、研究者、教育工作者、家长的共同诉求。长达十年的网吧管制和个人电脑的普及，使得青少年上网的主要场所由网吧转向家庭。然而，缺乏法律规范的互联网环境仍令人忧心。近年来，有学者开始提倡建立互联网分级制度，避免未成年人接触互联网不良信息（杨攀，2014；张化冰，2011）。此外，通过立法来保障儿童网络安全也受到了越来越多的学者关注。吴用（2015）指出，虽然我国在网络信息服务、网络安全保护以及未成年人保护方面已经制订了一些法律法规，但专门针对未成年人网络保护的规范仍处于空白状态。在学者和社会各界的共同努力下，未成年人网络保护条例已纳入国务院“2014立法计划”，可以预见，将来在保障儿童网络安全的互联网治理上，政府和学界的良性互动还将继续。除了在政策层面进行管控之外，不少计算机的研究者也开发出信息过滤技术，从技术层面为儿童筛选安全信息（韩颖，2007；王凯，2005）。

陈昌凤（2013）曾指出，未成年人面对网络安全问题的第一道防线是自我保护，即提高自我的网络安全意识和安全素养。然而，在学术层面，关注网络安全素养的研究却较少（黄勤，2012；于飞，2012）。事实上，从教育的角度出发，引导儿童自觉地提高网络安全意识，自觉地抵制诱惑，应该成为解决儿童网络安全问题的主要手段。在实践层面，早在2004年，团中央就曾开展全国性的“青少年网络文明”行动，提高青少年的网络文明意识。但在理论层面，网络安全素养往往作为新媒介素养、信息素养、安全素养的一个部分提出，以网络安全为核心的素养研究及教育研究都比较缺乏。因此，可以看到我国的网络安全教育实践和理论是脱节的，目前我国网络安全教育存在目的、方法不明确，效果不明显等问题。

从研究综述中我们可以看出，儿童的互联网安全是多领域共同关注的话题，产生了一系列的研究成果，然而仍存在着一些问题。第一是研究者们对于儿童网络安全问题的界定比较模糊，儿童不当的互联网使用行为与儿童互联网使用的危害往往混淆在一起。有学者从儿童不当的使用行为入手，指出儿童的网络安全问题主要包括：网络暴力（网络欺凌）扩大化、网络交友（网络援交）不慎、网络传播法律意识淡薄、网络依赖程度高（石勇，2009）。也有学者从儿童互联网使用的危害出发，认为儿童网络安全问题涵盖身心安全问题、财产安全问题、上网诱发的犯罪问题（邹连方，2006）。必须承认，儿童的互联网使用行为与危害是一体两面，不可顾此失彼，但是在进行研究时，理清层次非常必要。如今我国儿童网络安全问题并没有形成一个系统的框架和理论，这直接导致了这一块实证研究的落后。第二是忽略了媒介素养教育在解决网络安全问题上的作用。此外，还存在研究不系统、理论支撑不足、实证研究缺乏等问题。然而，随着互联网逐渐成为青少年的生活方式，网络安全问题日益突出，我们亟需系统的儿童网络安全研究和以素养为核心的网络安全教育研究，为引导儿童健康安全文明地使用互联网提供科学依据。

第三节 国外儿童网络安全研究综述

一、历史溯源：儿童媒介安全研究

从19世纪的电视，到20世纪的电视和电脑游戏，直到21世纪的互联网，儿童一直被认为是“身处危险之中”的。社会对大众媒介及其传播的流行文化充满了质疑：“他们对我们的孩子究竟是有好影响，还是坏影响？”（卜卫，2002）由此产生了一系列重要的媒介与儿童关系研究。这些研究不仅是儿童网络安全研究的先驱，也是大众传播科学化研究的滥觞，其中最重要的包括佩恩基金会研究、施拉姆等人关于电视对北美儿童的效果研究、关于电视与社会行为的卫生局长研究等。

最早关于儿童与媒介的研究是佩恩基金会研究。1928年，为了评估电影对儿童的影响，在一个私人慈善基金会（佩恩基金会：The Payne Fund）的支持下，一些研究者对有关电影影响儿童的各方面进行了一系列调查。从1929年到1932年，3年时间，共有13项研究同时进行，主要分为两个部分。第一类是评估影片的内容并确定观众的数量和构成，主要调查显示，在1929年和1930年间，每个儿童平均每周要看一次电影。而埃德加·戴尔对1500部电影进行分析后得出超过3/4的电影和犯罪、性和爱情有关。第二类则是关注电影信息对儿童的影响，包括电影对儿童信息获取、态度改变、感情刺激、健康程度、道德水平的侵蚀程度及行为的影响。研究发现，电影在当时能够改变儿童的态度，提供行为的标榜，决定儿童对生活的看法。它既有强化社会道德的作用，也会产生一些负影响（洛厄里，德弗勒，2009）。

20世纪60年代，电视进入美国家庭，父母开始担心电视会带坏孩子。为了探讨电视对儿童的影响，施拉姆等人就北美电视与孩子的关系问题，进行了一次大规模的调查研究。与佩恩基金会不同的是，研究的焦点不是关注电视的效果，而是研究电视的使用与满足。施拉姆等发现，孩子看电视的原因主要有三：（1）娱乐；（2）获取信息；（3）社会效用（social utility），其中电视提供娱乐和信息的功能，是它最重要的用途。此外，不同儿童对电视的使用存在很大的差异，这些差异与年龄、性别、智商、社会阶层背景以及每个儿童社会关系的质量（包括亲子关系和同伴关系）有关，同时这5个因素之间也存在着一定的相互作用（洛厄里，德弗勒，2009）。

在20世纪60年代，美国的暴力事件频发。人们普遍认为，是大众传播中的暴力内容引发了现实生活中的暴力行为，有些参议员甚至认为这个问题会带给社会“公关健康风险”。因此，为了研究大众传播中的暴力表现与其消费者攻击性之间的关系，美国国会拨出了100万美元来资助电视暴力表现与青少年行为的研究。经过大规模研究，最终形成了《关于电视与社会行为的卫生局长报告》。这份报告尤为关注电视暴力对儿童的影响，该研究得出的主要结论是：（1）电视内容已经被严重地渗透进了暴力；（2）儿童和成人接触暴力内容的时间越来也多；（3）电视暴力节目会增加儿童的暴力行为（洛厄里，德弗勒，2009）。

总的说来，大众媒介时代针对儿童媒介安全的研究，属于传播学研究中的受众研究，它主要回答了以下几个问题：（1）儿童看了什么？（2）儿童为什么看这些？不同的儿童的偏好是否有区别？（3）这些内容对儿童有什么影响？这些研究所采用的科学研究方法、理论洞察以及结论为互联网时代的儿童安全研究划定了研究范围，也提供了方法论上的参考。

二、儿童网络安全研究的范本：EU Kids Online项目

从全球范围看，由英国伦敦政治经济学院的Sonia Livingstone教授和Lesile Haddon博士领导的EU Kids Online是当代儿童与互联网研究中规模最大、持续时间最长的研究，也被看作是儿童网络安全研究的范本。这一项目的主要目标，是调查儿童和家长使用互联网的行为以及儿童面临的线上风险和机遇。从2006年开始，它一共经历了三个阶段（The EU Kids Online network，2014）：

（1）第一阶段（2006—2009年）：这一阶段覆盖了欧盟21个国家，共涵盖接近400个研究，主要提供了实证、研究方法和政策相关的结论。

（2）第二阶段（2009—2011年）：这一阶段研究了25个国家的儿童与家长的网络使用，并确定了儿童经历的风险行为和家长的安全介入行为（safety mediation）。

（3）第三阶段（2011—2014年）：这一阶段的研究拓展至欧盟的所有成员国，并进行了国际比较研究。此阶段着重关注儿童的线上安全，尤其是儿童面临的风险环境和家长安全介入的策略，并围绕一些新出现的话题进行研究，如社交网络、移动平台、隐私、个人信息保护、学校的安全意识教育、数字素养和公民身份、定位服务等等。

在长达8年的研究中，该项目产生了一批儿童网络安全的研究成果，见于《一

个儿童友好型的互联网：政策支持者、参与者和矛盾》（*Towards a better internet for children: policy pillars, players and paradoxes*）、《儿童、线上风险和安全：比较视野下的研究和政策挑战》（*Children, risk and safety on the internet: research and policy challenges in comparative perspective*）、《儿童上网之机会与风险》、《儿童与互联网：现实与期望的角力》等书。其中对儿童网络安全研究的主要贡献包括：

1. 确定了儿童互联网的核心议题及与网络安全研究的相互关系

研究儿童网络安全问题，首先要全面了解儿童的网络使用行为。EU Kids Online认为，儿童互联网研究主要回答了以下几个问题：（1）儿童是如何使用互联网的？（2）儿童在互联网上干了什么？（3）哪些线上活动会塑造他们的经验？（4）这些经验会带来什么结果？第一个问题围绕儿童的互联网使用行为，回答诸如在哪使用、如何使用、接触的媒介数量、媒介技能等问题。第二个问题则围绕儿童的互联网活动展开，包括学习活动、创造活动、娱乐活动、结交网友等。第三个问题的落脚点则关注儿童遇到了哪些是线上机遇和风险，它们又是如何塑造他们的经验的，如积极的内容、参与表达、色情信息、陌生网友、网络欺凌、个人信息滥用等等。第四个问题则关注这些经验对儿童的益处和伤害，如对儿童学习、自尊、社会化、价值观等的影响。从儿童互联网使用的具体行为出发，这几大议题是环环相扣，相互影响的（Livingstone，2012）。其中，第三和第四个议题便是与儿童网络安全问题密切相关的。线上风险被看成是危害儿童网络安全的“根源”。

研究发现儿童的互联网使用与儿童遭遇的线上风险存在着显著关系：（1）儿童使用互联网越多，他们参与的线上活动也越多，他们的数字技能也越高，他们攀登“线上机遇阶梯”的可能性也越大，遭遇的风险也越大。（2）同样，“使用越少，机遇和风险也越小”，这样形成了新的数字鸿沟。（3）风险和机遇之间也存在着相关性。即儿童努力扩大线上机遇的同时，也代表着会给他们带来更多的风险。（4）使用互联网的儿童越来越多，他们遭遇到的风险也越来越多，但儿童所遭遇到的伤害并没有增加。（5）线上风险之间也是紧密联系的。如网络欺凌总会使儿童遭遇更多的暴力及色情信息（Livingstone，Mascheroni and Staksrud，2015）。

2. 确定了儿童在线风险的范围以及影响风险的因素

利文斯通认为，儿童的网络安全问题在于互联网存在风险，但风险不一定转换为对儿童实际的伤害，在某种程度上甚至有利于儿童的成长，因此对儿童网络安全问题的研究需要落脚到儿童遭遇的在线风险（Livingstone, 2012）。基于此，它进一步提出了儿童可能遭遇的风险。它指出线上风险的复杂性在于它反映了互联网本身的复杂性，它不仅提供了大量内容，同时也组成了成人与儿童、儿童与儿童之间的互动关系。如表1所示（Livingstone，Mascheroni，and Staksrud，2015）：

表 1　儿童线上风险类型

	内容 儿童作为 （大众生产内容的） 接收者	连系 儿童作为 （成人主导活动的） 参与者	行动 儿童作为 （犯罪或受害的） 行动者
侵略性的	流血或暴力内容	被骚扰或跟踪	欺凌； 同伴间的敌对行为
性相关的	色情内容	聊天室的被迫性活动； 见网友时的性虐待	性骚扰； 发布性信息
价值观的	种族主义/仇恨性内容	意识形态说服	创造有潜在伤害的内容
商业化的	植入式营销	个人信息滥用	赌博；侵犯版权

他们发现，并不是所有的互联网使用都会带来线上机遇，这与儿童的年龄、社会经济背景以及家长的支持程度紧密相关。同时，年龄大的、有更高自我效能和自我满足驱动、更多心理问题的儿童是最易遭遇在线风险的。同时，男孩和女孩所遭遇的风险也有所差异。

3. 指出社会介入尤其是家长介入在儿童网络安全问题中的作用

研究指出，家长、学校和同伴都在儿童网络安全问题中扮演角色，但在EU Kids Online中，最关注的还是家庭的作用。他们界定了几种类型的家庭介入方式：（1）积极介入儿童的互联网使用，指的是家长会在旁陪伴，激励、分享或讨论儿童的线上活动。（2）积极介入儿童的互联网安全，指的是在儿童的线上活动过程中，家长引导儿童安全地使用互联网，并在儿童出现困难时予以帮助或与儿童讨论。（3）限制性介入，指的是家长设置规则限定儿童使用互联网。（4）监控，家长监控儿童的上网记录。（5）技术介入，即家长使用技术手段限制或监视儿童的互联网使用。（Livingstone, 2012）。

通过多年的实证调查，研究者发现积极介入的方式不仅能够降低儿童的线上风险，而且能使儿童享受更多的线上机遇，并拥有更高的数字技能。同时，家长对互联网的熟悉程度越高，他们介入儿童互联网使用的能力也越高，儿童互联网使用的积极性和技能也会越高。相较之下，虽然限制性介入能够降低儿童的线上风险，但也限制了儿童的线上机遇和数字技能。限制性介入会使儿童产生抵抗情绪，反而增加了他们想要“冒险”的冲动（Livingstone，Mascheroni，and Staksrud，2015）。

如今，EU Kids研究为国外儿童网络安全研究提供了研究议题和框架。国外研究者们依据EU Kids指出的三大类型的儿童线上风险（见表1），对侵略性风险、性风险等风险的内容、具体形式、诱因、对儿童的影响程度等做了进一步探讨；对比不同年龄，性别、国际遭遇在线风险的差异，或从时间的角度进行对比研究。研究者们也尝试对以下问题做了研究，作为政策实施的依据：风险增加了吗？风险是否必然转化为伤害？什么条件下会转换？有哪些因素加剧伤害？（Livingstone & Smith，2014）

EU Kids Online可以说是儿童与互联网研究历史中的一项里程碑式的研究。它由儿童互联网使用出发，以儿童面临的在线机遇和风险为核心，最终落脚到儿童身心的健康发展。从个人层面扩展到社会层面及国家层面，深入挖掘了儿童与互联网的方方面面，为我们进行儿童互联网研究提供了一个广阔的视角。然而，国外的研究结论是基于西方学术背景和社会环境进行的，中国作为一个新兴的互联网大国，有着与西方国家截然不同的历史文化背景、政治体制和教育环境，儿童的网络安全问题具有独特性。因此，儿童的网络安全研究需要在借鉴国外经验的基础上，结合我国的具体国情，进行本土化调研。

第四节 研究框架及设计

从综述中我们可以看出，儿童的网络安全问题意义重大。它不仅关乎到儿童的健康成长，更关乎互联网的未来和社会的未来。虽然这一问题已得到政府、教育者和研究者的关注，但如今针对中国儿童网络安全的研究仍较为缺乏。现有的研究又多以发现问题为主，对于原因的探讨尚未成体系，又缺乏实证研究的支撑。但随着网络安全教育重要性的日益凸显，我们亟须加强对中国儿童互联网使用、在线风险、网络安全等问题的系统考察，为教育提供科学依据。

一、基于家庭环境中的儿童在线风险研究框架

在研究之前，我们需要认识到儿童与互联网之间的复杂性，正如Livingstone所说，不能笼统地把儿童与成年人混淆，也不能把儿童与成人之间的差异视为理所当然。儿童一方面被看成是充分享用互联网的先锋者，但另一方面，如果互联网使用不当，他们会成为直面风险的脆弱人群。然而，保障儿童的网络安全并非仅使他们规避线上风险。风险社会的轮廓是机遇与风险同时存在的朦胧状态（Beck，1992）。心理学和社会学的研究都表明，儿童会通过冒险活动（即“参与风险”）进行身份建构来挑战家长和成年人的权威。这一行为是自我实现的一部分，对儿童心理发展也十分必要（Livingstone，2009）。因此，实证研究的目的是考察儿童如何在互联网的机遇最大化和风险最小化中寻求一种平衡。

针对这一目标，本研究是以“儿童”而非互联网为中心的，着眼点在于儿童的年龄和发展阶段。因为不断变化的童年受到各种复杂因素的影响，互联网的出现只是加剧了这一变化的复杂性。作为研究者，我们既要克服技术决定论的局限，也要承认儿童成长与互联网之间的深刻互动。

同时作为一个社会人，儿童的发展是处于特定的社会文化之中的，因此儿童的社会化环境也要纳入研究。家庭作为个人社会化的第一课堂，是儿童社会化中最有决定性的因素（时蓉华，2007），同时家庭也是儿童相对自由使用互联网的主要场所。家

长的媒介使用、家庭的亲子关系、家庭教育的方式等作为一种环境因素，直接影响了儿童的互联网使用行为和在线风险。因此，本研究认为，家庭是儿童互联网使用最主要的场所，需要重点考察。

基于此，本研究围绕儿童的在线风险，提出三大研究问题：（1）儿童是如何使用互联网（包括媒介接触和媒介活动）的？（2）儿童使用互联网时会遇到哪些风险？（3）家庭教育对儿童的互联网使用行为和在线风险有哪些影响？依据以上问题，本研究设计了基于家庭环境中的儿童在线风险研究框架（见图1）：

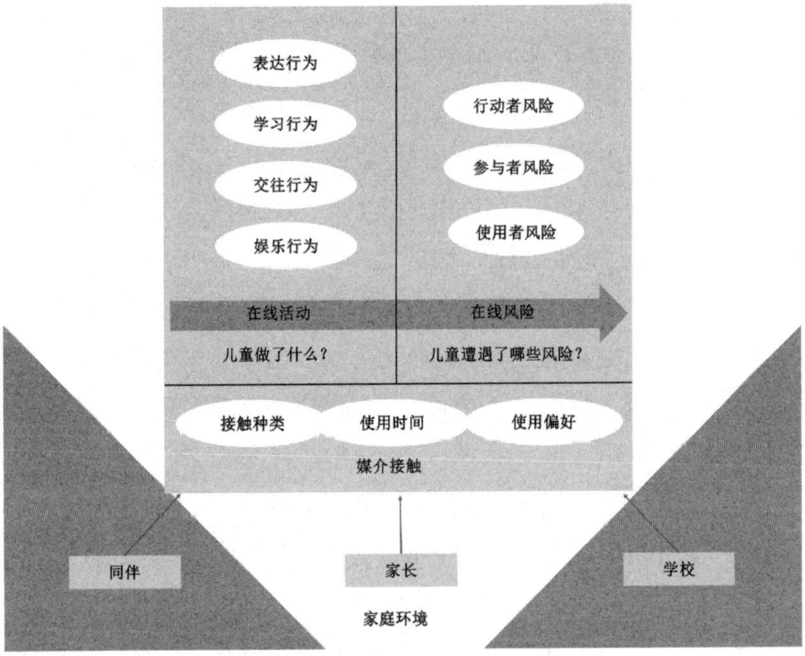

图1　基于家庭环境中的儿童在线风险研究框架

（1）媒介接触：接触种类、使用时间、使用偏好

媒介接触是考察儿童在线活动的前提。在本研究中，我们重点考察了儿童接触的媒介及应用的种类、电子媒介使用时间及偏好。我们认为，这三点能够涵盖儿童媒介接触的基本情况。

（2）四大在线活动：娱乐行为、交往行为、学习行为、表达行为

在2011年11月至2012年12月期间，课题组曾对广州市中小学生的媒介接触、使用行为和媒介素养状况进行了调查。调查结果显示，媒介对儿童潜移默化的影响越来越大，媒介已成为儿童成长过程中必不可少的资源、工具和环境。在移动互联网的环

境下，儿童不仅是受众，更是主动的使用者和传播者。我们发现，儿童使用互联网的需求是多方面的，在娱乐、学习、沟通、参与、创造等方面，在不同年龄段和不同性别、不同区域的儿童上表现得均不一致。

基于“使用与满足”理论，我们认为娱乐消费、沟通交流、浏览学习、表达创制这四个方面是儿童互联网生活的主题，而他们的媒介能力，通过这四大领域来表现，分别简称为：娱乐行为、交往行为、学习行为和表达行为。

娱乐行为：娱乐是儿童使用新媒介最重要的方式，在这一行为下，我们关注儿童观看在线视频、玩游戏、听音乐的行为。针对游戏行为，我们不仅考察了儿童玩游戏的种类，而且看他们是否会在游戏中投入金钱，及游戏选择的自主性等问题。

交往行为：交流是新媒介重要的功能。儿童利用新媒介大大拓展了自己交往的范围。在这个领域，我们主要关注儿童的社交媒体使用行为，如使用QQ、微信的比率，同时还考察了他们的交往偏好。此外由于线上交往受到社会和家长的关注，我们对儿童交网友、网络结社等行为也进行了考察。

学习行为：网上自主学习是儿童在数字时代的学习新趋势。在学习行为中，我们首先关注他们使用电子媒介进行学习的行为，如上网浏览和查找信息、看电子书、订阅微信公众号等。同时，我们也考察他们利用网络进行自主学习的意识，如是否会在遇到问题时上网找答案等。

表达行为：新媒介让儿童也拥有了更多创制信息表达自我的机会。在这里，我们将微博作为一个关注重点，考察儿童使用微博的比率，此外也考察了儿童进行线上分享的行为，如发表的内容、是否拥有粉丝等。

（3）三大在线风险：作为使用者的风险、作为参与者的风险、作为表达者的风险

由于国内对儿童在线风险的问题研究较少，因此我们对于儿童在线风险的考察借鉴了EU Kids Online对儿童在线风险的分类，即儿童作为（大众生产内容的）接收者时的风险，作为（成人主导活动的）参与者的风险，作为（犯罪或受害的）行动者的风险。同时，由于国情的差异，我们对这三类风险进行了修订。

第一类风险：作为使用者的风险。这一类风险将儿童看作是互联网的受众和使用者，指的是儿童在使用网络的过程中，由于使用媒介不当、接收网络上的不良信息等，对身体发育和心理健康造成的影响。

第二类风险：作为参与者的风险。这一类风险将儿童看作是成人（尤其是不法分子）主导的网络活动的参与者和受害者，特别是在网络交往的过程中，由于防范意识较弱受到他人故意陷害，从而导致个人隐私泄露、个人财产被骗、生命受到威

胁等问题。

第三类风险：作为行动者的风险。这一类风险将儿童看作是风险问题的主导者和实施者，即儿童在网络表达和交往的过程中，由于缺乏法律、道德意识，而造成的失礼、失德甚至是违法行为，也包括儿童利用网络而进行的犯罪行为。

（4）三大家庭影响源：教养方式、家长媒介行为、亲子关系

家庭是儿童接触并学会使用媒介的第一场所。家庭对儿童新媒介使用的影响研究在国外已经发展了数十年，在国内也有若干研究。研究者们认为，家庭环境对儿童的个人观念、心理和行为习惯会产生潜移默化的深刻影响（江宇，2008）。陆晔等（2006）的研究发现，家庭关系对青少年的媒介使用有相当重要的影响。而父母的社会经济地位、文化素养以及媒介素养水平也与儿童的媒介使用显著相关（江宇，2008；刘奎，2014）。除此外，研究最多的是家庭介入方式，即家庭教育。研究者区分出了三种类型的家庭教育模式，即积极（评估或引导式）介入、限制性介入、共同使用（刘奎，2014），而每一种家庭教育方式对儿童的互联网使用会产生不同的效果（Livingstone，2015）。

结合理论和前人的研究，我们将教养方式、家长媒介行为、亲子关系作为可能影响儿童互联网使用及在线风险的因素（见图2）。教养方式是指家长针对儿童的媒介行为而采取的不同态度和行为，体现在接纳/反应和命令/控制等维度。从这两个维度我们

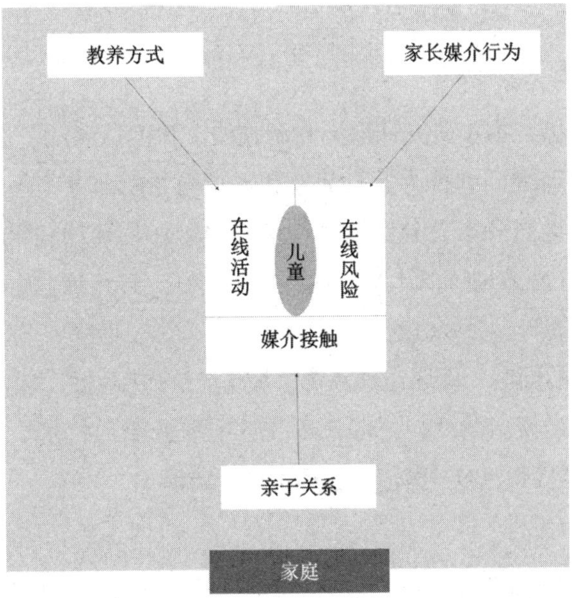

图2 三大家庭影响源

将教养关系分为约定型、专制型、放任型和不作为型。亲子关系体现在家长的媒介陪伴行为、对儿童媒介行为的了解程度、社交媒体上的数字关系。家长媒介行为则是指家长使用媒介的各类行为。

二、研究设计

1. 研究对象

关于“儿童”的年龄范围，学界存在争议。本研究将儿童定义为14岁以下（含14岁）的孩子。主要依据是，我国医院儿科负责的年龄段是0～14岁；同时，在我国14周岁以上可以加入中国共产主义青年团。

本次调查的研究对象是3～14岁的儿童及其家长。为了更好地了解儿童的数字化成长轨迹，我们根据儿童发展阶段，将儿童划分为5个年龄段：3～6岁（幼儿园）、7～8岁（小学一二年级）、9～10岁（小学三四年级）、11～12岁（小学五六年级）、13～14岁（初中一二年级）。考虑到中国农村儿童互联网使用程度相对较低，因此本次研究的对象只针对城市儿童，农村儿童并未纳入研究之列。

同时，问卷是以家庭为单位派发的，即每份问卷由一个家庭的家长和儿童共同填答。这种亲子式的问卷，能够直接定位每一个家庭的实际情况，更好地了解家庭影响源与儿童在线风险的复杂关系。这种问卷设计和调研方式，此前尚不多见。

2. 研究方法

根据研究目标，本次研究选取问卷调查法、深度访谈法、参与观察法、文献研究法等研究方法。研究问卷分为儿童问卷和家长问卷两部分（每个城市500名儿童和他们的家长），由儿童和家长分别填写。在2014年10月到2015年6月期间，共派发问卷20000份（大部分城市进行二次、三次补投问卷），最终回收有效问卷为15646份，其中家长问卷中有效问卷为8281份，儿童（不含3～6岁）问卷中有效问卷为7365份。

在问卷调查的同时，课题组还在每个城市分5个年龄段，选取不同性别的儿童及其家长进行了深度访谈。此外，在部分城市还开展了亲子活动式访谈、小组访谈，部分城市通过邮件、电话、QQ、微信等进行了补充访谈。

3. 抽样方法

考虑到中国地理和经济发展水平的巨大差异，为了确保数据的代表性和可靠性，我们按地域和经济发展水平抽取了18个城市：北京、上海、天津、重庆、广州、深圳、成都、南京、沈阳、西安、武汉、宁波、厦门、兰州、杭州、太原、温州和南宁。抽样城市基本涵盖了中国的直辖市（北京、上海、天津、重庆）、中国国家中心城市——北京（华北）、天津（华北）、上海（华东）、广州（华南）、重庆（西南），以及中国国家区域中心城市——沈阳（东北）、南京（华东）、武汉（华中）、深圳（华南）、成都（西南）、西安（西北），从而保证数据的全国代表性。

在此基础上，我们以每个城市的中心青少年宫和活动中心为研究基地，并选拔培训青少年宫的一线老师为研究者。这样做的目的，一方面是出于研究便利，更重要的是能够确保样本的多样性。

城市中心青少年宫作为研究基地的优势在于，一个城市只有一间面向本城市全体儿童服务的中心青少年宫，学生来自本城市各个区域，较以往同类研究中只针对城市某一学区的中小学抽样，具有明显代表性，数据来源也更加科学合理。此外，青少年宫的一线老师常年面对各个年龄段的学生开展活动，比某一年龄段的学校或幼儿园老师，作为研究者能够更全面地把握幼儿园、中小学各年级儿童身心成长规律，为研究的科学性提供保障。

4. 研究不足

虽然课题组尽可能地保证了研究在设计、实施、处理、分析上的科学性，但仍存在一些问题，主要包括以下几个方面：

（1）问卷设计的逻辑性比较欠缺，问题量较大，有些题目重复，问卷的效度不足。

（2）由于城市过多，沟通不够及时，操作经验不足，导致不少城市废卷、错卷量较大，只好二次、三次补投，导致一定数量的浪费。

（3）访谈部分的设计不够合理，问题较碎，深度不够，导致解释理论有限。

第二章

儿童数字化成长与在线风险

第一节　中国儿童的数字化成长

一、苹果世代：数字时代原住民素描

报告显示，诞生于本世纪初的00后一代，是这个数字时代真正的原住民。他们从小生活在以苹果智能手机、平板电脑为代表的移动信息终端和以QQ、微博微信为代表的社交媒体新媒介环境中。课题组曾在之前的研究中，将这一代00后儿童形象地称为“苹果世代”（张海波，2013）。本报告用几个关键词来进一步勾画了苹果世代们的特点，分别是：滑一代、微一代、游一代、搜一代、秀一代。

滑一代：00后儿童是屏幕一代。幼儿园时，他们的家庭中已经有95.1%的拥有手机，84.2%的拥有iPad，95.1%的拥有电脑。他们从小可以在家中接触、使用这些设备，在屏幕上滑动指尖。00后儿童在课外和周末，与平板电脑、智能手机“亲密接触”的时间明显超过传统的图书报刊，并且随着年龄的长大与日俱增，38.6%的小学中年级学生开始拥有自己的手机。到了初中，手机开始成为孩子们的标配（77.8%的初中生拥有自己的手机），手机全面超越课外书成为孩子们最受欢迎的媒介。00后在周末使用电子设备的时间也随年纪的增长而越来越长。到了初中，已有60.2%的00后周末使用电子设备的时间超过60分钟。

微一代：00后儿童是社交媒体一代。他们从小就学会使用QQ、微信和微博这些社交媒体。其中QQ深受00后的喜爱（60.6%），报告显示，到了小学中年级，近一半（49.5%）的孩子已经有了自己的QQ号，到了初中则达到91.8%。在问及“你最喜欢使用的交流方式”时，47.3%的初中生说是QQ，超过了回答“面对面”的比例。他们广泛使用如微信、微博、QQ、百度贴吧等社交媒体（54.1%），积极加入各种QQ群（48.2%）和线上联盟（31.4%），结交朋友，甚至包括不少他们线下并不认识的陌生网友，报告显示，57.2%的初中生说自己有陌生网友，不少初中生在访谈中承认会背着爸爸妈妈和陌生网友见面。

游一代：00后儿童是网游一代。54.1%的小苹果们表示，他们使用电脑最主要的功能是玩游戏。他们从小玩网络游戏，还在游戏中积极加入各种联盟、工会等虚拟社团。网游还是他们的重要消费，他们会向父母要钱打游戏（12.1%）。除此之外，他们对游戏的选择有较强的自主性，从小就会自己选择、下载游戏（50.1%）。为了研修攻略，寻找玩伴，49.2%的初中生积极加入网游社区的各种工会、联盟。

搜一代：00后儿童是百度一代。他们很小就学会了遇到问题上网自己找答案，10.9%的00后表示遇到问题找网络。30%左右的小学中年级学生上网浏览和搜寻信息，并懂得上网查证信息。随着年龄的增长，他们越来越喜欢通过网络搜索信息、获取资讯。在社交媒体上关注分享达人，了解多种信息（16.8%）。33.5%的初中学生表示自己订阅了微信公众号，通过公众号与最新潮流资讯保持同步。

秀一代：00后儿童是爱分享表达的一代。超四成（41.2%）的00后表示，自己经常在网上发布内容。他们喜欢用手机（27.0%）和平板电脑拍照（36.8%），并喜欢在网上分享图片、文章和小视频（41.2%）。随着年龄的增长，他们使用微博的比率也在提升。他们从小利用微博、美拍等创建自媒体，28.6%的初中生表示，自己在自媒体上已经拥有了粉丝。

二、五阶段：3～14岁儿童的数字化成长轨迹

儿童接触和使用了哪些媒介，用它做了什么？他们随年龄增长，线上行为如何发展？如何描述儿童的数字化成长轨迹？我们分别考察了儿童在媒介接触使用（广度、深度、偏好）、在线活动（娱乐行为、交往行为、学习行为、表达行为）状况。在这一部分，我们分年龄段考察了儿童的媒介接触和在线活动，并在各个方面都设计了相应的问题。经过调研，结合观察和访谈，我们在每个方向都找到了儿童随年龄段成长变化最为显著的那些“关键指标”。具体分析如下：

1. 媒介接触

（1）接触种类

本次报告中，媒介接触的广度这一指标主要选取了三种有代表性的媒介产品及网络应用，包括手机拥有率、QQ拥有率和微信公众号。从图3中我们可以看出五个年龄阶段中，三种应用呈现跨越式的增长。手机拥有率由幼儿园阶段的4.2%上升至初中阶段的77.8%，QQ拥有率从小学低年级阶段的22.5%上升至初中阶段的91.8%，订阅微信公众号的比率也从幼儿园阶段的6.8%上升至初中阶段的33.5%。儿童到了初中时，在手机、QQ和微信这三种最主流的媒介产品及应用的接触方面，已有较高的普及率。新媒

介产品和技术因为其广泛普及和易用等特点，使用“门槛低”，已经让00后儿童从小便可广泛接触和使用。

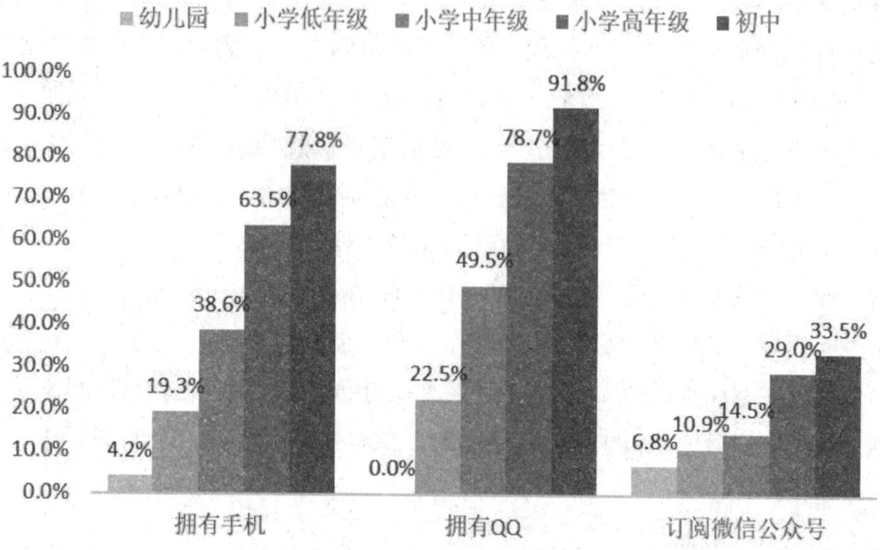

图3 媒介接触种类

（2）接触时间

在媒介使用深度上，我们对比了电脑、手机、平板和其他媒介的使用时长和频次。从图表中，我们可以看出，随着00后年龄的增长，传统媒介（课外书、电影、电

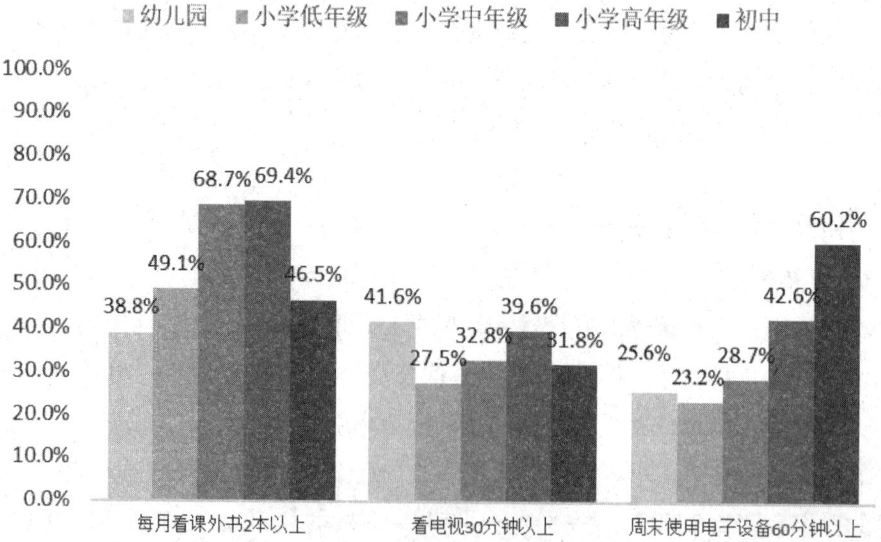

图4 媒介接触时间

视）的吸引力开始逐渐降低，如图4所示，书籍的接触，在小学中年级上升后开始下降，而电视的接触则以幼儿园的41.6%下降至初中的31.8%。相反，接触电子设备的深度则不断加强，到了初中，已有60.2%的00后周末使用电子设备的时间超过60分钟。和上一辈人相比，00后儿童逐渐远离传统媒体，积极拥抱新媒介。

（3）使用偏好

在媒介使用的偏好上，报告考察儿童最喜欢的媒介和最喜欢的交往方式。从中我们可以看出，传统媒体对儿童的吸引力都随着年龄的增长而减弱，而电脑、手机等新媒体则越来越受到儿童的喜爱。喜欢电脑的人数在初中已达到45.4%，喜欢手机的人数甚至超过了半数，达到57.4%。与此对应的便是儿童最喜爱的交流方式，传统交往方式——面对面的受欢迎程度逐渐降低，而QQ的受欢迎程度则显著上升，到了初中阶段，喜欢QQ的人数已超过偏爱面对面的人数，成为儿童最喜欢的交流方式（47.3%）。作为数字时代原住民，通过新媒介进行交流在小时候就成为00后人际交往最重要的方式（见图5、图6）。

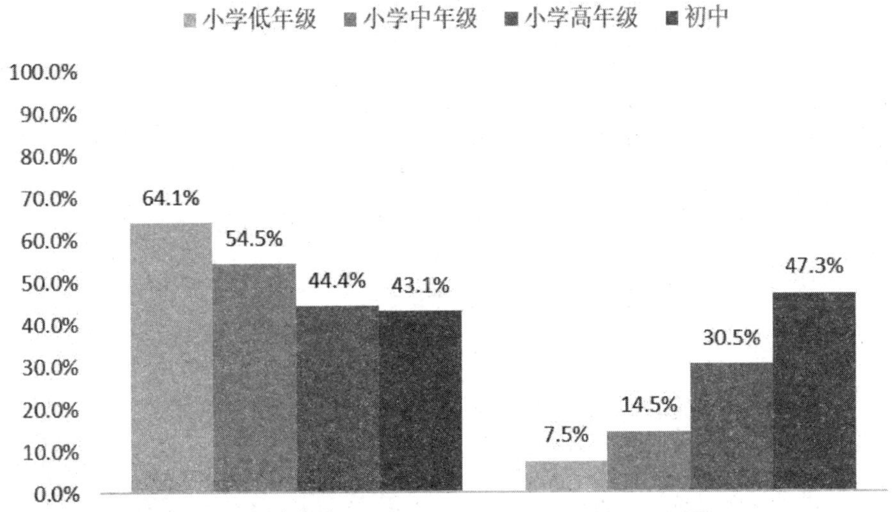

图5　媒介使用偏好

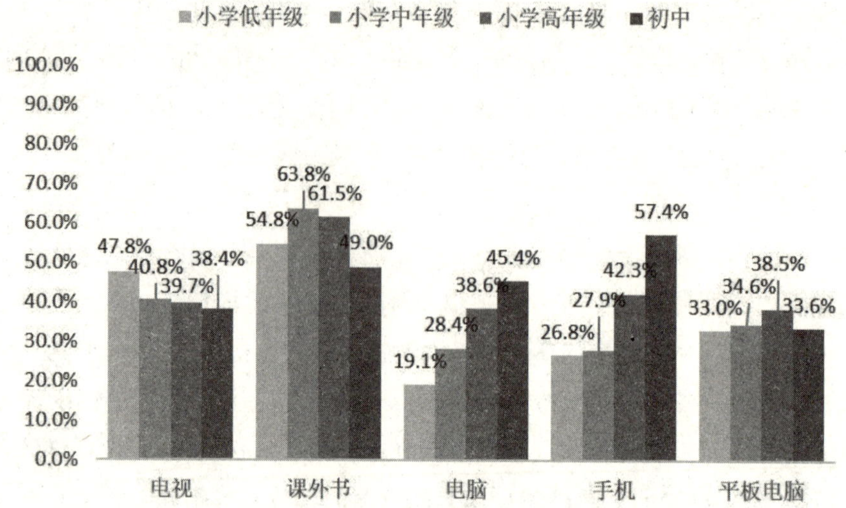

图6　媒介使用偏好：你最喜欢的交流方式

2. 在线活动

（1）娱乐行为

娱乐是儿童使用数字化媒介最重要的功能之一，我们看到，在娱乐行为中，普遍受到儿童欢迎的是用数字媒介（在本报告中，数字媒介指的是电脑、平板电脑及手机三种媒介）看视频，五个年龄阶段都在50%左右。而用数字媒介听音乐和玩大型网络游

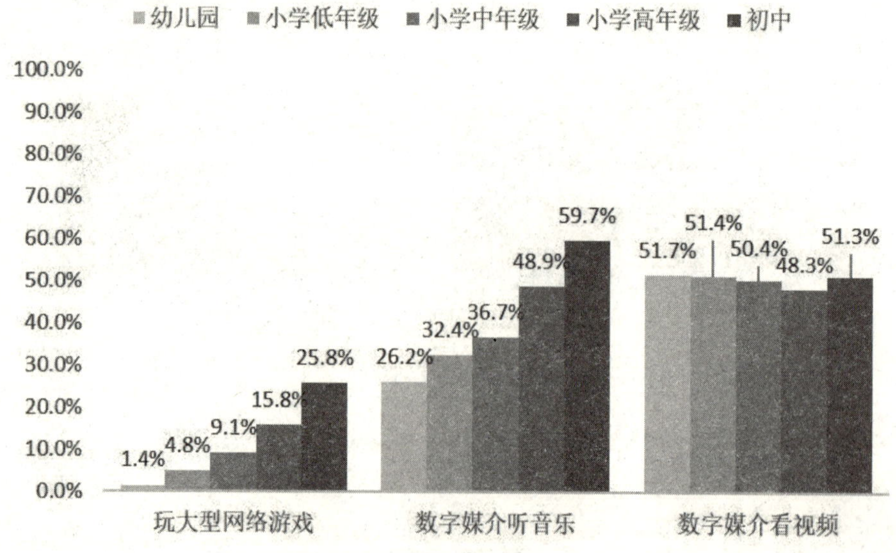

图7　在线娱乐行为

戏的比率则随年龄增长有十分显著的上升。其中，玩大型网络游戏的比率由幼儿园时期1.4%提升到初中阶段的25.8%。玩大型网络游戏考验儿童的团队协作能力、反应能力、思考能力，初中阶段已有25.8%的儿童曾玩过大型网络游戏，这体现出他们使用数字媒介进行娱乐的较高水平（如图7）。

（2）交往行为

在线“交往”积极地拓宽了儿童的交往渠道。对于00后儿童而言，通过各种数字媒介进行交流协作已成为生活中的一部分。通信工具的使用上，除幼儿园外，用QQ的人数都要高过用微信的人数。线上交流行为随着年龄增长也迅速增加，到初中已有90.0%的人加入了Q群，这说明基本上所有拥有QQ的初中00后（91.8%）都加入了Q群。同时，超过半数（57.2%）的初中生拥有网友。在网络游戏中，通过网游结社来进行沟通协作也是00后交往的重要行为，到了初中，已有近半数（49.2%）的儿童加入了线上联盟（见图8、图9）。

（3）学习行为

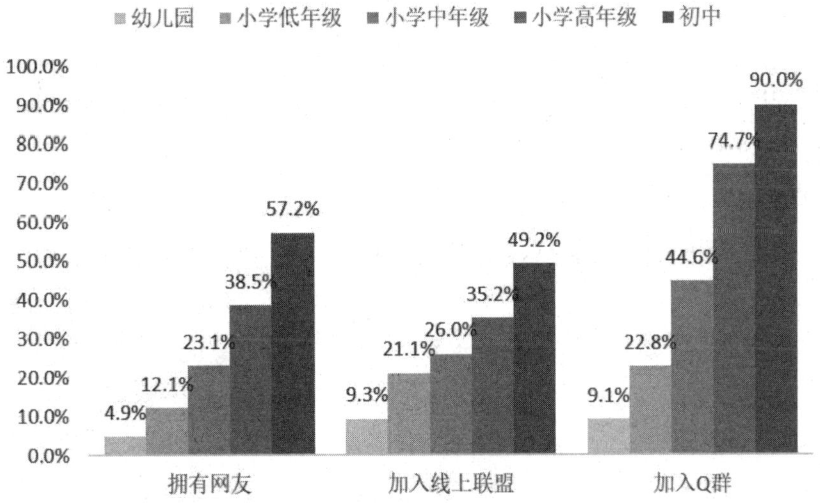

图8　在线交往行为

新媒介为儿童提供了新的学习方式和内容。在学习领域内，我们考察了儿童三种使用电子媒介获取信息的行为：上网浏览/查找信息及看电子书。其中上网查找信息的行为增长幅度最大，到初中已近半数（49.4%），电子书在儿童日常生活的位置也愈加重要。我们还考察了儿童利用网络解决问题的比率，发现这一比率的增加速度也较快，从幼儿园的3.2%到初中的21.4%，互联网已在儿童的学习中扮演愈来愈重要的角色（见图9）。

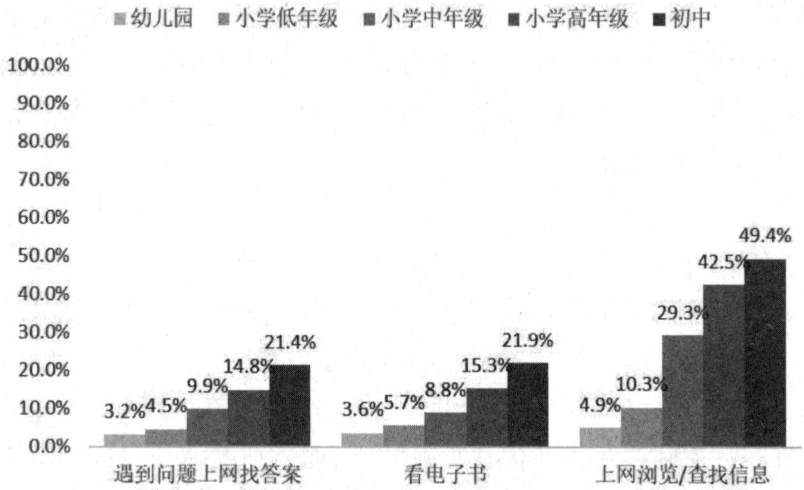

图9 在线学习行为

（4）表达行为

新媒介让儿童从以前被动的信息接受者，成为主动的传播者、创制者。通过新媒介创建自媒体进行表达和参与，是00后儿童不同于前辈们的一个技术赋权的重要能力。因此，我们特别考察了00后儿童的表达领域的情况。从图10中可以看出，00后从小就会在网络上发表内容，幼儿园阶段这一比例就达到了18.6%，还有2.4%的幼儿园儿童早早开始尝试开设自媒体，拥有自己的粉丝，到了初中更达到28.6%。微博作为一个公共的表达平台，也逐渐出现在00后生活中，到了初中，已有12.4%的儿童会用手机上微博。

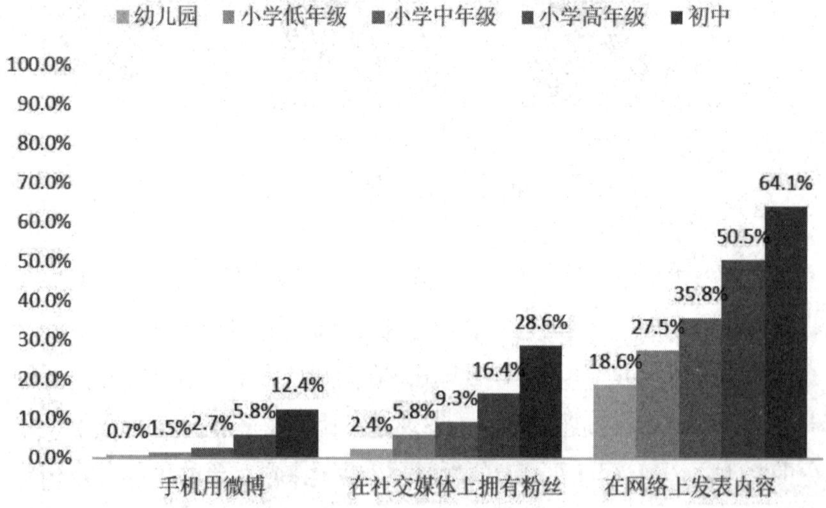

图10 在线表达行为

三、三级跳：儿童数字化成长的关键期

新媒介已深深介入儿童的成长过程，00后儿童已深度处于不同于前代儿童的数字化成长之中。经过各年龄段关键指标对比分析，我们发现在我们划分的五个年龄段里，从关键指标的变化差异显著性分析，幼儿园3～6岁、小学中年级9～10岁和初中13～14岁是00后儿童数字化成长最为显著的"关键期"。通过这三个数字化成长"台阶"的跳跃，00后儿童的数字化技能从弱到强，数字化成长领域和程度从窄至广、从浅入深，直至与他们的父母看齐，并"反超"前辈。根据这三个年龄段儿童数字化技能的主要特征，我们将其分别命名为：小玩家、小用户和小创客。

表2 数字化成长的关键指标

维度		关键指标	年龄段		
			3～6岁	9～10岁	13～14岁
媒介接触及使用	接触种类	拥有手机	4.2%	38.6%	77.8%
		拥有QQ	N/A	49.5%	91.8%
		订阅微信公众号	6.8%	14.5%	33.5%
	接触时间	周末使用电子设备超过1小时	25.6%	28.7%	60.2%
	使用偏好	将手机作为最喜欢的媒介	N/A	27.9%	57.4%
		将QQ作为最喜欢的交流方式	N/A	14.5%	47.3%
在线活动	娱乐行为	玩大型网络游戏	1.4%	9.1%	25.8%
		用数字媒介听音乐	26.2%	36.7%	59.7%
		用数字媒介看视频	51.7%	50.4%	51.3%
	交往行为	拥有网友	4.9%	23.1%	57.2%
		加入Q群	9.1%	44.6%	90.0%
		加入线上联盟	9.3%	26.0%	49.2%
	学习行为	遇到问题上网找答案	0.6%	7.5%	15.4%
		看电子书	3.6%	8.8%	21.9%
		上网浏览/查找信息	4.9%	29.3%	49.4%
	表达行为	手机用微博	0.7%	2.7%	12.4%
		在社交媒体拥有粉丝	2.4%	9.3%	28.6%
		在网络上发表内容	18.6%	35.8%	64.1%

注：N/A表示无此年龄段数据。

（1）数字化成长台阶图

我们将三个关键年龄段儿童在娱乐、交往、学习和表达4个领域各选取3个关键指标共12个指标，按从低到高的顺序排列，得到了三个年龄段儿童“数字化成长台阶图”。

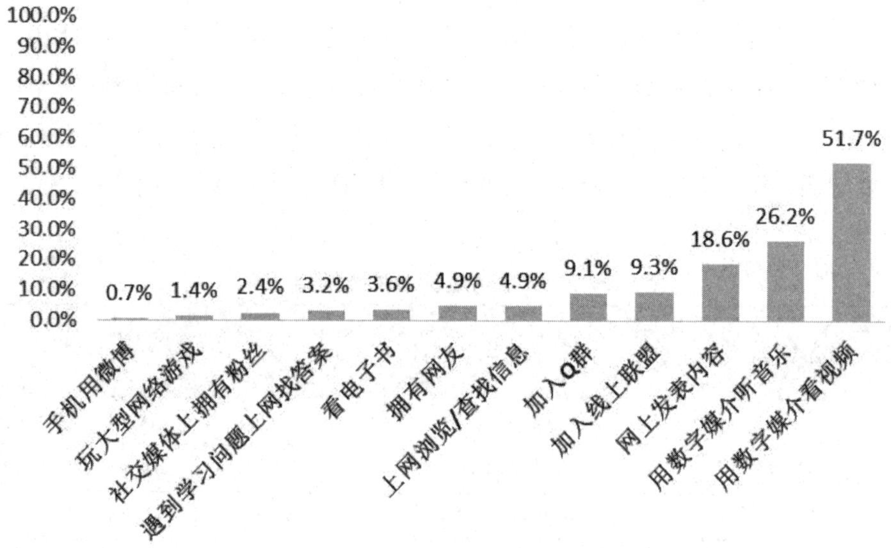

图11　儿童在线活动（幼儿园）

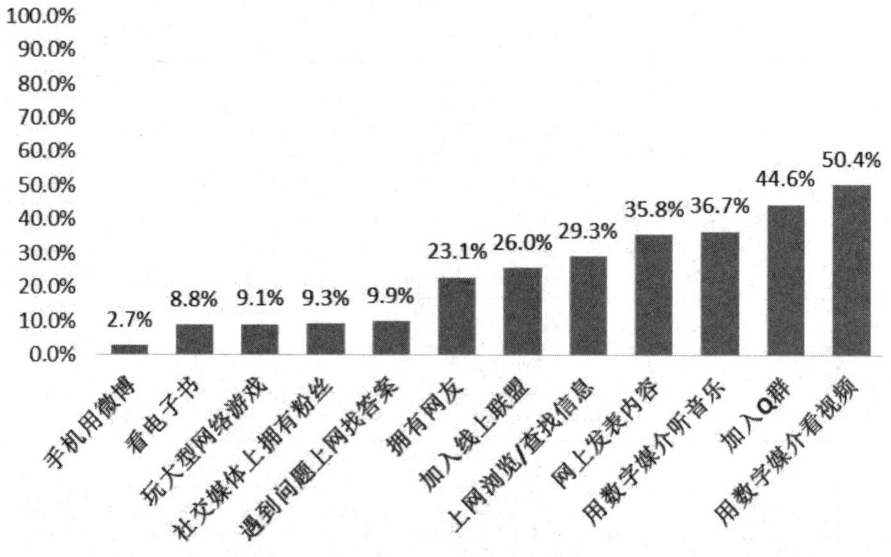

图12　儿童在线活动（小学中年级）

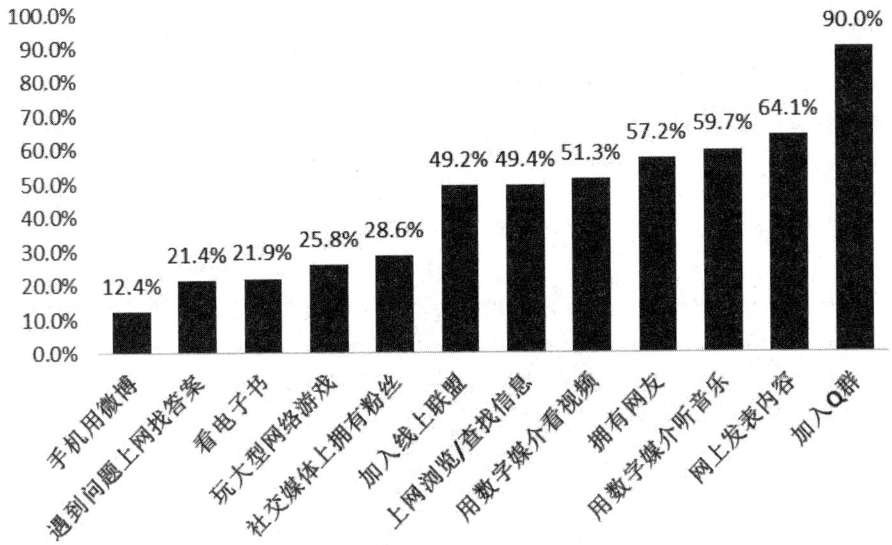

图13　儿童在线活动（初中）

从图11、12、13中我们可以看到，在幼儿园阶段娱乐行为“看视频”和“听音乐”排第一、二位，到了小学中年级，交往行为“加入Q群”进入第一位，而到了初中，加入Q群和网上发表内容列第一、二位。随着年龄的增长，儿童在屏幕上从娱乐为主，到交往、表达为主，从小玩家到小创客。

（2）数字化成长空间图

我们将三个年龄段的12个关键指标，每个领域三个指标一组，用一个正方形的“数字空间”图形来展现，我们清楚地看到儿童的不同阶段在四个领域的数字空间拓展“版图”。

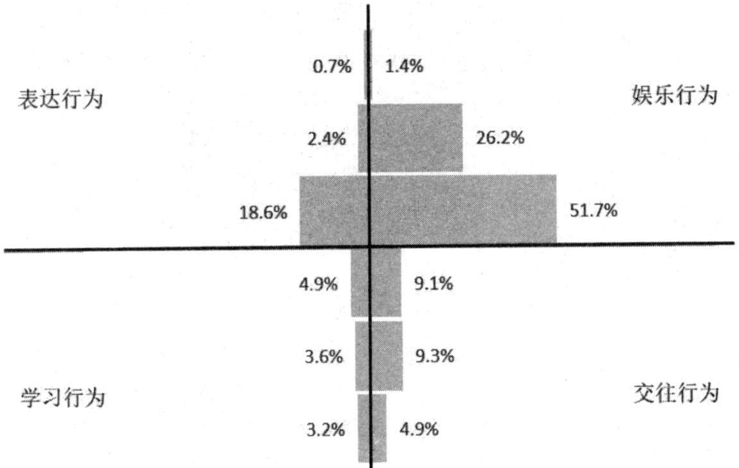

图14　儿童在线行为（幼儿园）

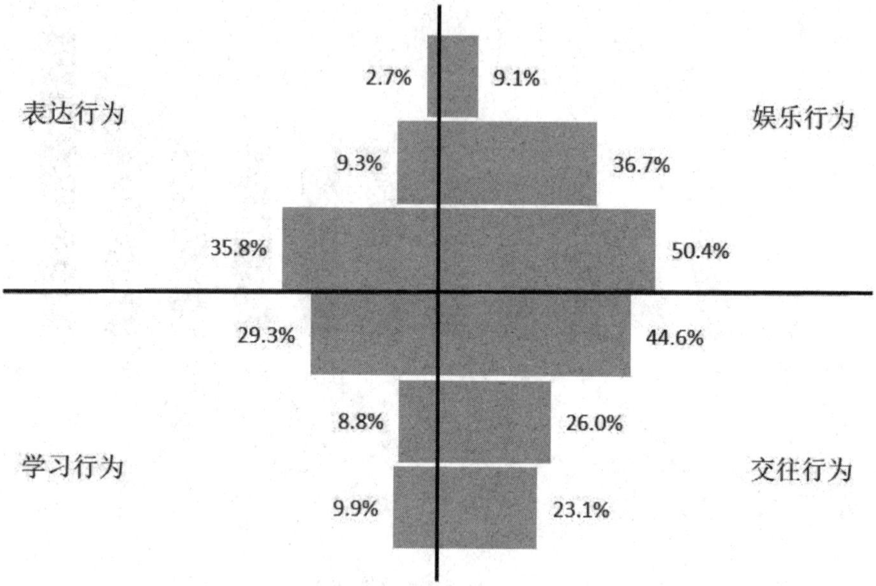

图16 儿童在线行为（小学中年级）

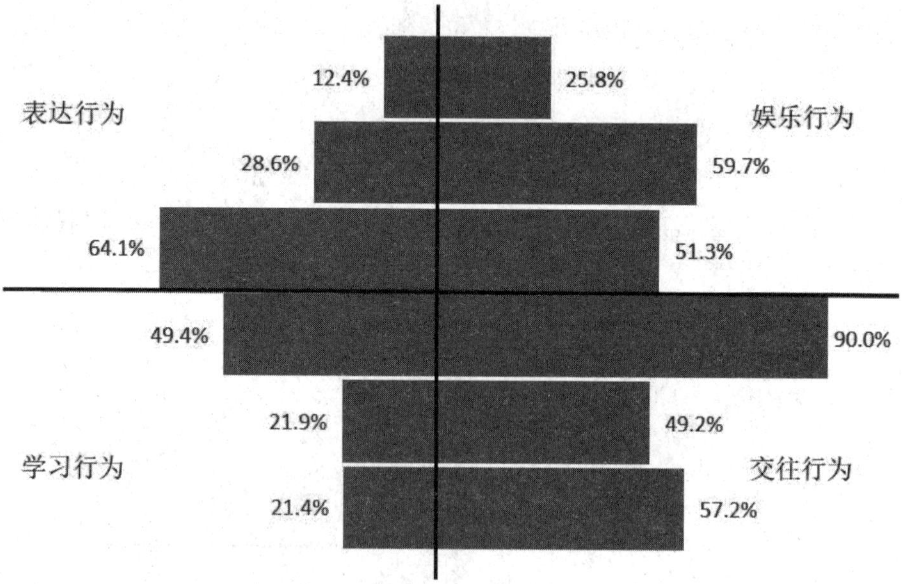

图16 儿童在线行为（初中）

（3）各有各特点：数字化成长的三级跳

在我们调研的五个年龄段里，从数据的显著性和差异性来看，幼儿园、小学中年级和初中三个年龄段具有鲜明的特点，我们将其视为儿童数字化成长的三个关键平台期。而小学低年级和小学高年级，则视为平台之间的过渡期。

从数字化成长台阶图和数字化成长空间图中，我们可以看出这三个平台期的显著特点和其中关键指标数据的明显跃升。为了形象直观地进行描述，我们用小玩家、小用户、小创客三个词来描述这三个平台期的儿童。

幼儿园（3～6岁）时期，儿童在线娱乐的行为十分突出，用媒介看视频的行为比率甚至超过了初中时期的儿童，但其他行为基本没有超过10%。此阶段儿童的娱乐行为在各种媒介使用行为中占有绝对明显的优势和比重，因此我们用小玩家来描述他们。

小学中年级（9～10岁）时期，儿童的媒介行为领域从之前以娱乐为主，向各领域迅速拓展。从相关数据看，其娱乐、交往、学习、表达上的部分行为都已经超过了30%。也就是说，大人所接触到的媒介的各种功能，此时的儿童都有所接触使用，因此他们已经成为新媒介的小用户。

初中（13～14岁）时期，儿童在各领域的在线行为都已十分活跃，一些指标超过了80%，在主动交往、创制自媒体、发布信息、表达自我方面的增长尤为显著。他们已经由媒介的信息接受者、使用者，转变为活跃的传播者、创制者。因此我们用小创客来描述他们。

这三个平台期儿童的媒介行为的主要特点和标志性媒介行为如图17所示：

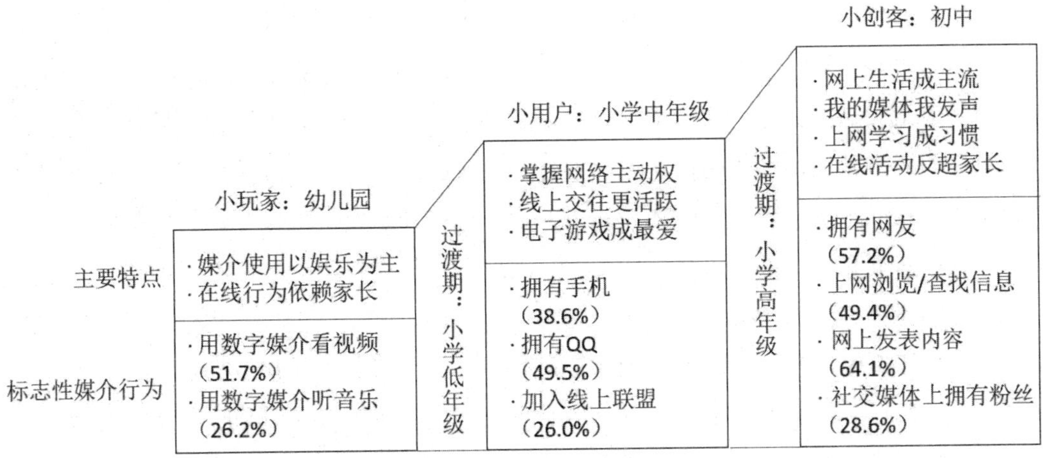

图17 儿童数字化成长的三级跳

1. 小玩家：幼儿园（3～6岁）

根据儿童的心理发展，3～6岁的儿童为学龄前期（学前期）。这个时期的儿童有以下几个特点：第一，活动以游戏为主。通过游戏，幼儿们开始认识世界，自我意识和社会意识也逐渐发展起来。第二，模仿成为显著能力。学前期儿童的模仿能力很强，他们通过学习父母、老师或同伴的样子，来提升自己的习得行为、社交技能、活动方式和操作经验。第三，父母是幼儿的主要他人。研究表明，父母是儿童最早的交往者，也是幼儿心理发展的最主要的"重要他人"，他们可以被看成是影响儿童社会化的核心因素。身为"小玩家"的他们有以下的特点：

（1）媒介活动以娱乐为主

正如上面所说，幼儿期的主导活动是游戏。在数字世界中，这一时期儿童的主导媒介活动也是娱乐。相比起其他的线上行为，幼儿的娱乐活动十分突出。在幼儿园时期，就有58.3%的儿童用电脑看过视频，54.4%的儿童用平板电脑玩过游戏，用手机听过音乐的儿童也达到30.6%，而交往、学习和表达行为的比率都低于10%。

（2）家长起主导作用

这一时期，儿童的活动受家长的影响最大。无论是在生活还是学习中遇到问题时，向家长求助的比率超过80%，而在使用电子产品遇到问题时，向家长求助的比率也高达85.8%。在玩电子游戏时，有50%左右的孩子需要父母来安装。喜欢的手机和平板电脑游戏也与家长较为一致，如《天天酷跑》和《植物大战僵尸》。

2. 小用户：小学中年级

研究表明，小学中年级（9～10岁）是儿童思维由具体形象思维到抽象思维的转折期，同时也是儿童思维发展和感觉发展的关键年龄，自我意识崛起。同时，这个时期是小学道德发展的关键期，自觉纪律的形成和发展在这个阶段占有相当显著的地位。同时，他们的社会活动开始活跃起来，开始重视与同伴建立友谊关系，也开始形成同伴团体。我们发现，在这一时期，儿童的数字行为开始发生明显变化，可以称之为数字化成长的重要关键期。身为"小用户"的他们有以下的特点：

（1）掌握网络主动权

在小学中年级时，已经有接近四成（38.6%）的儿童拥有手机。拥有自己的手机意味着儿童掌握了网络的主动权，可以自己安装喜欢的应用，使用时间和频率也更加自由。这种网络上的自主权给了儿童探索的机会，娱乐已不再是他们上网的主要目的，交往行为、学习行为都有了大幅度的提高。在中年级，已有接近半数（44.7%）选择自己安装手机或平板电脑游戏，家长的影响逐步减弱。

（2）线上交往更活跃

小学中年级是儿童线上交往行为迅速拓展的时期。这一阶段，儿童的QQ拥有率接近一半（49.5%），而其他通信工具的起始接触时间也都在小学中年级达到峰值（见图18）。

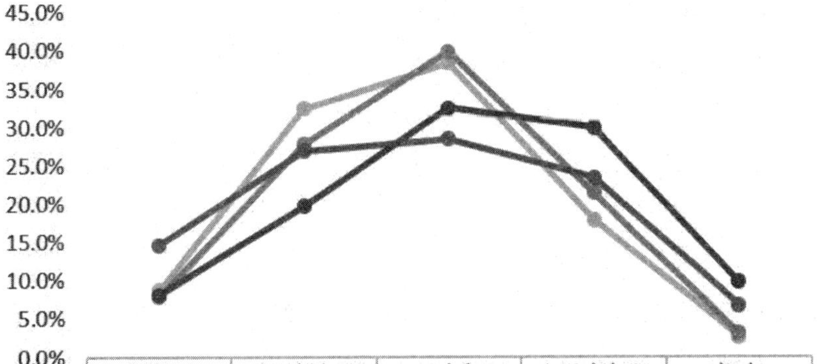

	幼儿园	小学低年级	小学中年级	小学高年级	初中
QQ	8.7%	32.4%	38.4%	17.9%	2.6%
QQ空间	7.9%	27.8%	39.8%	21.4%	3.1%
微信	14.6%	26.9%	28.4%	23.4%	6.7%
微博	8.1%	19.7%	32.5%	29.9%	9.7%

图18　儿童社交类应用的起始年龄

我们的数据显示，相比起其他年龄段，小学中年级的儿童最愿意通过社交媒体和大家分享自己的心情，这一比率为17.9%。同时，他们加入Q群的比率较小学低年级阶段有明显增加，为44.7%。拥有网友的比率也有所增加，为23.1%，他们中选择自己主动加别人的比率继续上升（4.8%）。

（3）电子游戏成最爱

小学中年级的儿童十分喜爱电子游戏，他们尤其喜欢在电脑上玩游戏。他们对电脑游戏的偏爱度也很强，尤其喜欢在7K7K、4949等网站上玩网页小游戏。而从小学中年级开始，“我的世界”在手机和平板电脑上受到热捧，几乎众人皆知。另一方面，他们在网络游戏中拓展了自己的社交关系，在小学中年级时，有29.6%的儿童在网络游戏中加入了线上联盟。

3. 小创客：初中段

从初中开始，儿童便进入了青春期。处于这一时期的青少年，生理和心理都在急剧发展，同时又呈现出过渡性、闭锁性、社会性和动荡性的特点。整个中学阶段，青少年的思维能力得到迅速发展，抽象逻辑思维也处于优势地位。青春期是品德发展的关键时期，不仅摆脱了对外部控制的依赖，而且逐渐发展了内化的行为准则来监督、调节、控制自己的行为。同时，这个阶段中学生的性格呈现出半幼稚、半成熟、独立性、依赖性和动荡性的特点。他们的同伴关系逐渐稳定，友谊也较为长久，在此基础上，同伴对儿童社会化的影响逐渐加大，而家长的影响却开始减少。研究者将青少年这种从依赖家长到走向独立的过程，称之为“心理性断乳”。我们发现这一时期儿童的在线行为也发生了新的变化，呈现如下特点：

（1）网上生活成主流

对于初中阶段的儿童来说，媒介已是娱乐、学习、交友的重要工具，使用电脑查信息和用手机微信、QQ等早已习以为常。拥有手机的人数已达77.8%，拥有QQ的数量甚至超过九成（91.8%）。这一阶段，他们脱离传统媒介，看电视、阅读书籍的时间减少，而上网的时间大幅增加。在初中，周末使用电子媒介超过1小时的比率已超过60%。他们的媒介偏好也发生了急剧的反转。在小学阶段，课外书一直是最受欢迎的媒介，然而到了初中便让位于手机，有57.4%的初中生将手机作为自己最爱的媒介。偏爱的交流方式也发生了逆转，在小学及幼儿园阶段，儿童都将面对面看成是最喜爱的交流方式，而初中阶段，QQ则超越面对面，成为儿童最喜爱的交流方式了。他们尤其喜爱用手机上QQ，这一比例比小学中年级时上升了3倍以上。

交往行为也在这一时期进一步拓展，90.0%的儿童加入了1个以上的Q群，在网络游戏中加入线上联盟的人数也接近半数（49.2%），拥有网友的数量超过了半数（57.2%）。

（2）我的媒体我发声

相比起小学阶段，初中阶段的儿童有着强烈的表达欲，有81.8%的儿童拥有自己的社交媒体账号，儿童开始创建自己的各种自媒体阵地。在网上发表过内容的儿童也达到64.1%。他们喜欢用手机拍照（45.8%），喜欢上传图片（50.6%），表达方式也更加多样，除文章外，初中阶段的儿童也尝试用声音（13.7%）和视频（14.2%）表达自我。随着他们在网络世界上日益活跃，他们的网络影响力逐渐扩大，已有28.6%的儿童在社交媒体上拥有粉丝。

（3）上网学习成习惯

初中阶段，儿童上网的主要目的是浏览和查找信息（49.4%），同时各类线上学习行为也开始逐渐突出，用手机看电子书的人数达到了21.9%，也有33.5%会订阅微信公众号接受信息。社交媒体也成了获取信息的主要渠道，如了解同学、朋友情况（34.2%），了解自己喜欢的动漫、明星和游戏情况（26.5%）。

在遇到困难时，儿童求助于网络的比率也越来也高。如果在使用电子产品时遇到问题，有30.1%的儿童会自己看说明书或上网解决问题，而这一比例在小学低年级仅为4.6%。

（4）在线活动反超家长

此阶段，一个引人注目的现象是儿童在数字化技能方面已经开始全面反超他们的家长。在调查数据中，我们从四大领域选取了10个关键指标除“用数学媒介玩游戏”指标外，其余各指标与数字化成长的关键指标一致，将初中生与其家长的相关数据进行对比，我们可从图19中看到，在这10个方面，孩子大都超越他们的家长，在表达、交往行为上尤为显著。

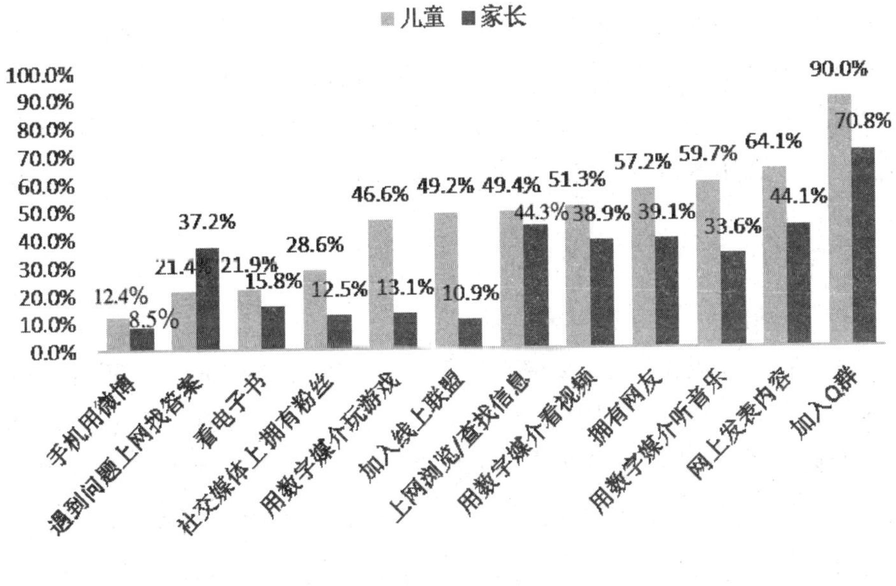

图19　家长和儿童在线活动比率对比（初中）

第二节　儿童在数字化成长中遭遇的在线风险

一、当前儿童面对的三大在线风险

对于在线遭遇的风险，调研中家长们普遍表现出了担忧，包括：耽误学习71.5%，影响视力68.7%，接触不良信息66.1%，交上坏朋友47.8%，上当受骗42.2%，影响休息37.6%，乱花钱13.4%等。结合我们的观察、访谈以及近年来社会上出现的青少年在网络使用中遇到的突出问题，我们对三大在线风险的主要体现进行了定位。作为使用者的风险主要包括不良信息侵害和网络沉迷等；作为参与者的风险主要包括网络交友不慎、个人信息被盗、网络诈骗等；作为行动者的风险则包括网络对骂、网络施暴、网络传谣等行为。为了更通俗直观地描绘以上这三大风险，我们将之简称为：不健康、不安全和不文明。

（一）不健康：作为使用者的风险

这一类风险将儿童看作是互联网的受众和使用者，指的是儿童在使用网络的过程中，由于使用媒介不当、接受网络上的不良信息等，对身体发育和心理健康造成的影响。我们发现，家长对孩子使用互联网的担忧主要集中在这一类风险上，如看太久电子媒介会影响视力和休息，接触到不良信息教坏孩子，网络沉迷变得社交自闭。

在这里，不良信息侵害和网络成瘾的问题尤为突出。不良信息指的是违背社会主义精神文明建设要求，违背中华民族优良文化传统与习惯，以及其他违背社会公德的各类信息，如包含色情、暴力、恐怖、邪教等信息的文字、图片、音视频信息。据12321网络不良信息与垃圾信息举报受理中心统计，2015年10月，网站不良信息被举报30,927次，其中淫秽信息占60%。而如此泛滥的网络信息，对于缺乏辨识能力的儿童来说，危害尤为显著。2013年4月，在江苏连云港，有两个小孩在玩耍中模仿动画片里灰太狼烤羊肉的情节，被同村另一名9岁男孩绑在树上点火烧伤。网上一则题为《小学生婚宴上大讲"黄段子"绘声绘色惊呆大人》的新闻也令人担忧：讲的是在一个婚宴上，郑州市某小学五年级学生张某当着一桌食客绘声绘色地讲了一个黄段子，他声称他们很多男同学都会讲黄段子，甚至还对成人讲的黄段子评论道：“你讲的段子，几个月前就有了，早都过时了。”在我们的调查中，家长也频频表现出对孩子接触不良信息的担忧。

三年级男孩母亲：我的担忧就是现在网络很多不良信息，很怕小孩子去点，尤其是一些色情网站。我就跟他说不要去点那些网站。

五年级男孩母亲：一方面怕孩子下载过多的游戏来玩，沉迷于游戏娱乐之中。另一方面，也怕不良信息突然弹出窗口后孩子去点击，让孩子变得叛逆，父母一管教严格就把父母看成是仇敌。

五年级男孩母亲：也是怕不良信息对孩子的影响。有次弹出了个窗口，孩子问我们是什么，我们就教他以后看到这些都关掉。

三年级女孩母亲：担心网络的不良信息。但是我们家长没有办法完全阻止这些信息出现在孩子面前，所以我们就让孩子看电视，不让他用电脑上网看。

另外，过度使用网络也会对儿童身心健康造成很大伤害，不仅影响了学习，而且对健康、视力以及身体发育造成不良影响，严重者还可能形成社交障碍。在现实生活中，这样的案例屡见不鲜。我们的调查中有这样一个案例：罗章（化名）是一名初三的学生，父母常年在外做生意，家里只有祖父母照顾他和妹妹的生活。刚上初中时，罗章的学习在班级里还处于中等偏上。可自从他迷上网络后，常常放学直奔网吧。由于没有父母管束，他的行为越来越肆无忌惮，最后常常夜宿网吧。沉溺网络的同时，他的学习成绩也一落千丈，而且与周围同学的交流也越来越少，对班主任老师则是避而远之。过度使用网络这个问题受到了医学、心理学、教育学、社会学等多个领域的关注。研究者指出，如果儿童对网络使用渴望强烈，在减少或停止上网时出现周身不适、烦躁、易激怒、注意力不集中等反应，儿童无法控制上网的投入时间，过度使用就发展成了网络成瘾，从而对儿童日常生活和社会功能（如社交、学习或工作能力）造成严重损害，甚至对周边的环境造成危害。《2013年我国未成年犯抽样调查分析报告》的调查显示，上网成瘾是未成年人犯罪的重要原因之一。从数据上看，未成年犯玩游戏、聊天以及看色情网页的比率都明显高于普通学生，上网时间也比普通学生长很多。

在我们的调查中，家长们也提到：

二年级男孩母亲：我担心孩子小的时候老看电脑手机，长大了之后，就变得很叛逆，脾气暴躁，不爱跟你沟通。就像他说查作业，查到一半就上到QQ游戏上去玩了。我有一些朋友很担心孩子因为玩电脑太多，变得有一些社交自闭，不爱跟别人沟通，只会对着电脑。

六年级女孩母亲：主要怕手机会影响到孩子的休息。有次看孩子的微博发现他在早上6点的时候有发布微博，可平时在家里和我们话很少。

四年级女孩母亲：我的孩子就是喜欢上网聊天，她们几个好朋友建了一个群，偷空就聊天。平时上网查资料的时候就把QQ挂上，边做作业边聊天，时间就会花得很长。一方面乱七八糟聊一些东西，我又看不到；另一方面做作业的时间太长，晚上从来没有在11点之前睡觉。感觉已经有一个强迫症，一定要玩得那么久。所以很担心她个子长不高，眼睛也不好。

（二）不安全：作为参与者的风险

这一类风险将儿童看作是成人（尤其是不法分子）主导的网络活动的参与者和受害者，特别是在网络交往的过程中，由于防范意识较弱受到他人故意陷害，从而导致个人隐私泄露、个人财产被骗、生命受到威胁等问题。

这一类风险主要体现在网络交友不慎、个人信息被盗、网络诈骗等方面，这些都是网络犯罪最常见的形式，而儿童则经常成为犯罪分子的下手对象。他们利用网络交流的便利性，像是狡猾的狼群，通过各种伪装，在各个Q群、论坛、空间中游荡，等待儿童的上钩。2006年，四川省公安机关破获了一起专门针对网上未成年少女的人身侵害特大案件。许某团伙采取上网聊天的方式骗得受害少女的信任后，再以见面交朋友、会网友、过生日为由，先后从重庆、遂宁、资阳、成都、眉山等地10多个区县诱骗25名少女至崇州、彭山等地的卡拉OK厅，然后通过打骂、欺骗、用刀威胁等手段强迫受害人卖淫。

我们的调查发现，一些儿童很热衷于加网友，对网友的戒备心也较弱。有一位接受访谈的五年级男生，有3个QQ并加了200多个好友，还在游戏中加了50多个好友。他跟我们说，其中大部分网友都见过面，有些是真人见面，有些是视频见面。事实上，这种行为潜伏着巨大的风险。据新闻报道：13岁的兴仔（化名）就是一个受害者。他喜欢通过QQ漂流瓶结交朋友，通过这种方式，认识了比他大30岁的李军。2012年，李军约兴仔到广州的西门口广场游玩，随后引诱兴仔到其家中，以玩游戏等方式在房间对兴仔实施性侵行为。据报道，43岁的李军是一个性变态者，通过QQ漂流瓶认识了160名13岁以下的男孩，企图对他们进行诱惑、鸡奸。2012年8月，广州警方将李军控制，并查明被侵犯的未成年人至少4人。

个人信息泄露也成为危害儿童的潜在风险。根据警方披露的拐卖儿童案件作案手段，犯罪嫌疑人与儿童套近乎的手段，除了糖果、玩具外，还有“我是你妈妈的同事”“你妈妈让我来接你”这类的话。为取得孩子信任，此类犯罪嫌疑人都会通过与孩子聊天、与家长或邻居套近乎的方式套取孩子的名字、家庭住址、学校、相貌等信息。

调研中，家长们说：

四年级女孩母亲：担心孩子上网加的QQ好友不是善类，怕对孩子说一些低俗的话。

六年级男孩父亲：我怕他加进了不良的群组或联盟，像“世界末日”这些。

（三）不文明：作为行动者的风险

这一类风险将儿童看作是风险问题的主导者和实施者，即儿童在网络表达和交往的过程中，由于缺乏法律、道德意识，而造成的失礼、失德甚至是违法行为，也包括儿童利用网络进行的犯罪行为。它的主要体现包括网络对骂、网络施暴、网络传谣等行为。

当儿童使用网络的程度逐渐加深后，就很有可能从“受害者”转为“加害者”。儿童在网络交往的过程中，由于缺乏正确的引导，在一些矛盾出现后，很难用理性的方法来解决问题，而是转变成网络对骂甚至是网络暴力。我们调研数据显示，当孩子在上网遭遇网络辱骂时，随着年龄的增长，选择“以骂制骂”的人数显著上升，到了初中已有超过两成的儿童会选择“骂回去”（见图23）。2015年7月29日，一场EXO的粉丝跟TFBOYS的粉丝在网上上演的“小学生世纪骂战”更是令人瞠目结舌。起因是由于一则TFBOYS的小学生粉丝所录制的视频指责EXO，引发了EXO和TFBOYS双方粉丝在网上互相掐架。这个仅仅几分钟的视频，在24小时内微博浏览量飙升3300万，瞬间登上了“微博热门话题榜”。视频中的他们追星狂热自不必说，而且对骂言语尖酸刻薄，“去死吧”“低贱下流”之类的网络暴力话语悉数出现，不少成年人看后表示三观尽毁，令人震惊。

网络游戏中暴力内容的比率很高，又深受儿童，尤其是男孩的喜爱。这很容易导致由于沉迷网络游戏而引发的暴力倾向和行为。在调查中，我们也发现，由于网络游戏而引发的儿童暴力倾向十分显著。如一位五年级的男孩就说：

有一种游戏很吸引我，我在外面受了委屈，被别人骂的时候，我就会在4399里面查个游戏，叫大便超人，然后把那个靶子取成那个人的名字，狂发大便。杀人也很爽，杀人的名字是自定的，就把名字定成我讨厌的那个人的名字，然后我就杀杀杀，那个人就挂了。

在玩网络游戏时，儿童的脑子里常常想着怎样攻击对方，时间长了就会变成一种习惯——无论遇到什么人和事，总想着打赢对方，这就是人们常说的暴力思维惯性。久而久之，当儿童在现实中遇到矛盾时，就会不自觉地采用游戏中的做法去攻击他人，如绪论部分提到的邵阳市3名青少年杀老师事件，便是由于沉迷网络游戏而引发的极端暴力行为。

网络欺凌也是不文明的重要体现。2013年11月，广州市青年文化宫、香港游乐场协会、澳门街坊会联合总会联合在广州、香港及澳门三地同步进行了一项有关青少年网络欺凌的调查，并同时在三地发布了《穗港澳青少年网络欺凌调查报告》。《报告》显示，六成穗港澳青少年曾遭受网络欺凌，八成多的穗港澳青少年认为网络欺凌会构成犯罪。而我们的报告也同样显示，随着年龄的增长，儿童遭遇网络欺凌的比率大幅上升近9倍。

还有网络传谣等行为，都有可能因儿童文明、法制意识缺乏而产生严重后果。

二、儿童在线风险的主要特征

作为数字时代的原住民，当代儿童接触数字媒介的时间越来越早。同时，在数字世界中，他们处于加速的社会化成长之中，数字化技能迅速提升，到了12～13岁，甚至反超他们的父母。“低龄化、加速、反超”，00后儿童在数字化成长中表现的这些特征也使儿童在线风险呈现出“下移”“扩张”“失控”的特点。

1. 下移的风险：儿童“触屏”的低龄化，导致儿童遭遇在线风险的年龄下移

数据显示，当代儿童是名副其实的“数字原住民”，他们一出生就生活在一个被媒介包围的环境中。数据还显示，年龄越小的儿童，家庭拥有的媒介越丰富，幼儿园儿童里，有94.1%的家庭有电视机，95.1%有电脑，95.1%有手机，84.2%有平板电脑（见表3）。

表3　家庭媒介拥有情况

	电视机	电脑	手机	平板电脑	游戏机
幼儿园	94.1%	95.1%	95.1%	84.2%	33.4%
小学低年级	95.6%	95.7%	96.8%	77.9%	24.7%
小学中年级	97.2%	96.6%	97.7%	76.4%	26.0%
小学高年级	96.3%	96.0%	97.1%	72.8%	25.9%
初中	94.4%	92.3%	96.1%	67.4%	28.8%
总计	95.7%	95.2%	96.7%	75.2%	27.2%

幼儿园期间，儿童开始接触不同媒介并进行简单使用。他们中有89.8%曾阅读过书籍，91.7%看过电视，55.7%去过电影院。电脑和平板电脑等新媒介也是在这一时期进入一部分儿童的生活，在调查中，手机和平板电脑的接触率分别为91.8%和83.4%，电脑的接触率为81.6%，并有2.4%的孩子拥有自己的手机。等进了小学，就已经有94.6%的儿童曾阅读过书籍，58.8%曾去过电影院，手机和电脑接触率分别上升到了95.3%和91.0%。

儿童接触媒介的时间逐渐提前，也意味着遭遇线上风险的时间提前。低龄儿童由于自我分辨意识较差，对网络信息的信任度高，最易受到网络风险的伤害，随着儿童上网时间的逐渐延长，数字化技能的不断飞跃，儿童遭遇的线上风险也随着愈演愈烈。

2. 扩张的风险：儿童数字化成长大大加速了其社会化进程，使其在线风险急速扩张

从前面的数据分析可见，儿童在数字化成长中，其娱乐、交往、学习和表达行为能力都迅速提升，这大大加速了儿童社会化的进程。在数字化技能提升的同时，儿童的网上行为更加自主、大胆、独立，他们在网络世界更愿意尝试、冒险，但是他们的社会阅历、经验，还远远跟不上他们数字化技能的步伐。在调查中我们发现，随着年龄的增长，儿童的网络安全意识并未相应提升，其在线风险明显上升。

在媒介接触方面，年龄越大，儿童使用电子设备的时间越长，这也意味着沉迷网络的风险也越大（见图20）。同时，在网上遭遇不良内容的人数也变多了（见图21）。

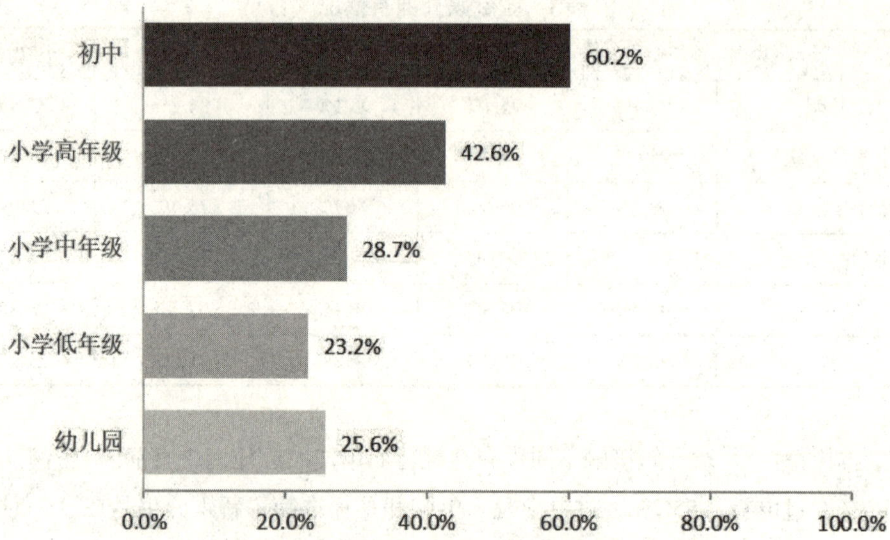

图20　周末使用电子设备时间60分钟以上的比率

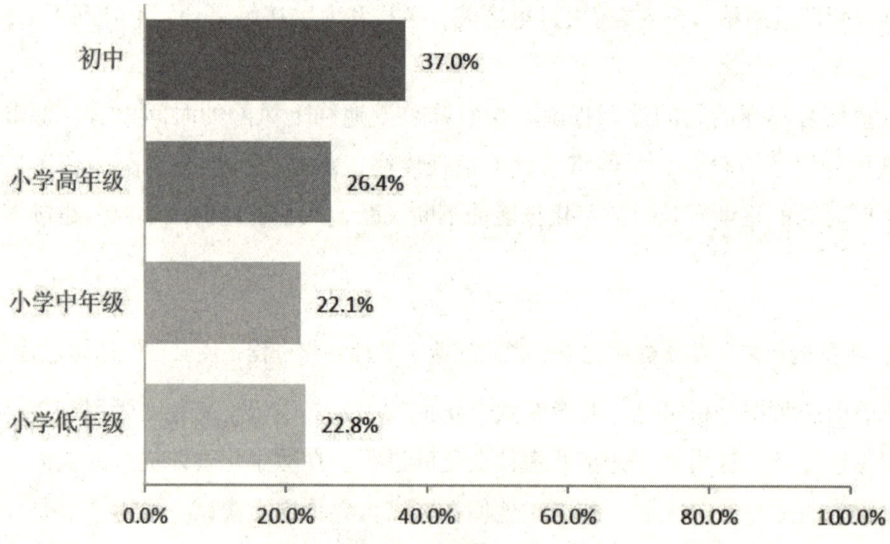

图21　在网上遭遇不良内容的比率

随着年龄增长，儿童的交往行为越来越大胆，安全意识却并未同步提长。在“上网遇到要求填写真实资料”时，选择“直接填写资料”的人数明显增多，由小学低年级的2.9%上升到初中的10.5%，翻了近3倍（见表4）。在遇到网友相邀时，选择直接去以及和同学、朋友聊一下再去的人数都在增加，而问爸妈的人数为19.9%，并且随着年龄的增长而下降，到了初中只有15.5%（见表5）。

表 4　上网时要求填写真实资料的反应

	直接填	咨询父母的意见	从不填写
幼儿园	6.2%	27.5%	66.3%
小学低年级	2.9%	30.1%	67.0%
小学中年级	3.3%	36.1%	60.6%
小学高年级	4.2%	37.3%	58.5%
初中	10.4%	29.6%	60.0%
合计	5.4%	32.1%	62.5%

表5　如何应对网友线下见面的要求

	直接去	问一下爸妈再去	和同学、朋友聊一下再去	不去
小学低年级	1.4%	20.2%	1.9%	76.5%
小学中年级	0.5%	23.7%	3.6%	72.2%
小学高年级	0.5%	20.1%	2.4%	77.0%
初中	2.5%	15.5%	7.0%	75.0%
合计	1.2%	19.9%	3.6%	75.2%

网络上不文明的现象也开始上升。调研显示，在幼儿园阶段，已经有儿童在网络上被恶搞过了，到了初中，这一比例已达到了18.3%。但是面对网络辱骂，儿童整体维权意识不强，大部分会选择不理他。数据显示选择“以骂制骂”的人数也逐渐上升，这也反映出儿童网络文明的水平仍有待加强（见图22、23）。

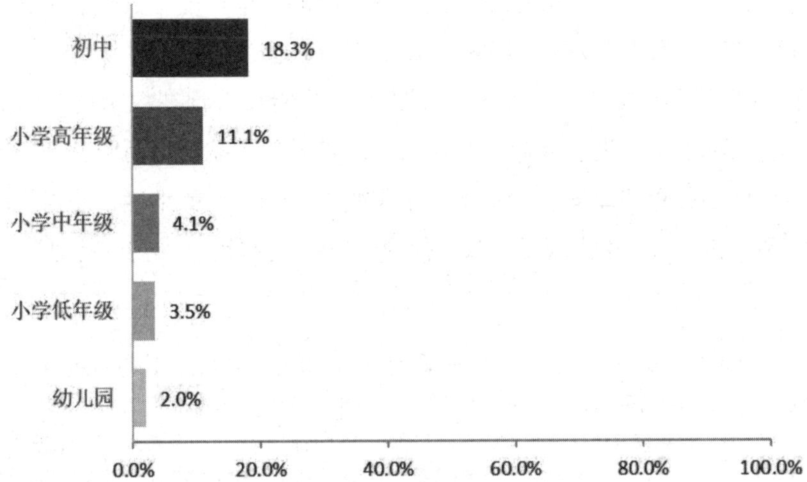

图22　儿童在网上被人恶搞的比率

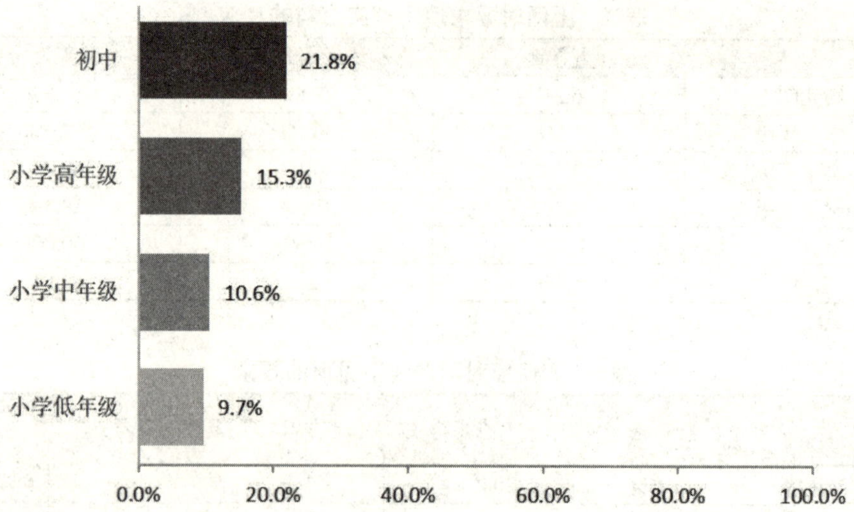

图23 儿童面对网络辱骂选择“骂回去”的比率

3. 失控的风险：儿童数字化技能反超家长导致家长失去对儿童在线风险的把控

当代儿童作为“数字原住民”，与其作为“数字移民”的家长之间的数字化技能对比情况如何？我们的调研显示，随着儿童年龄的增长，两代人数字媒介使用技能的差距逐渐缩小（我们将儿童和家长在每个领域的关键指标的比率加总后平均，再用儿童的比率除以家长的比率，得出图26至图41的数据），在初中阶段，儿童在媒介使用各种行为上的关键指标就已超越了他们的父母，在交往行为、表达行为上表现最为显著。

同时，我们还调查了家长与儿童在网络知识上的自信程度，数据显示，随着年龄的增长，儿童和家长都认为关于上网的知识孩子懂得比父母多（见图24）。

如果我们把数字化成长从儿童延展至成人，我们会看到在数字世界的成长中，儿童走在了成人的前面。儿童反超家长成为数字世界的领航者，而家长却很难了解和把握儿童线上活动的思想动向，这也加深了家庭中代际沟通的难度，使得代际冲突加剧，亲子关系不和，家庭中出现了“数字代沟”[1]，让风险有失控的趋势。

---

[1] 随着信息技术和全球化的发展，“数字鸿沟”（Digital Divide）成为一个广受关注的问题。但是，人们在使用数字鸿沟这一概念时，存在着不同的理解。国际电联（ITU）对数字鸿沟的定义是：数字鸿沟可以理解为，由于贫穷、教育设施中缺乏现代化技术以及由于文盲而形成的贫穷国家与富裕发达国家之间、城乡之间以及年轻一代与老一代之间在获取信息和通信新技术方面的不平等。我们在这里提出的数字代沟这一个概念，是指家庭中由于使用数字媒介的深度、广度及态度的不同，导致的老一代人和新一代人的数字化技能的差异，并由此导致的观念和文化等方面的差异。

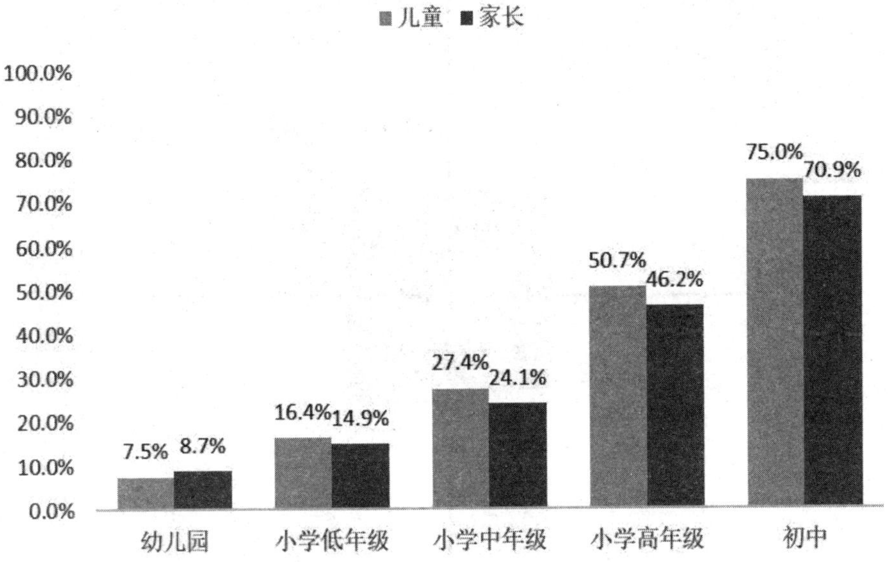

图24　家长与儿童认为“上网知识孩子懂得多”的比率

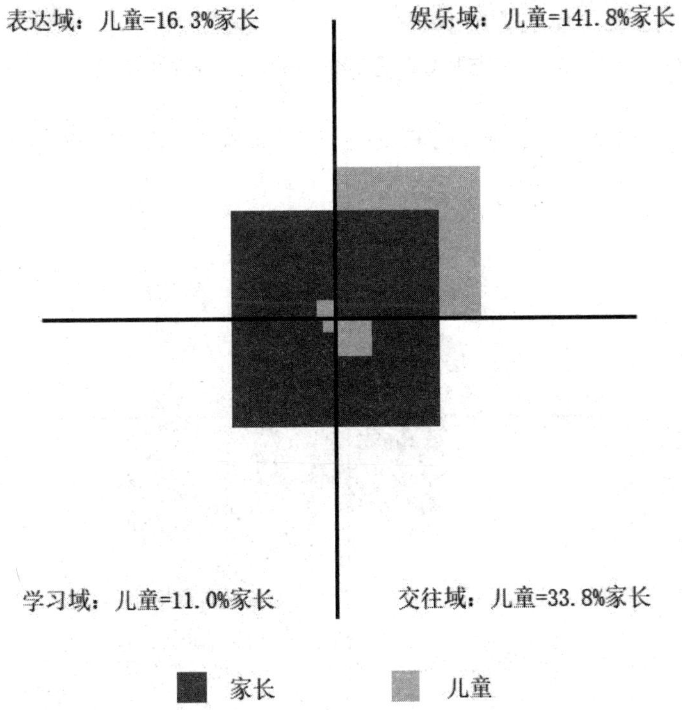

图25　儿童与家长在线活动比率对比（幼儿园）

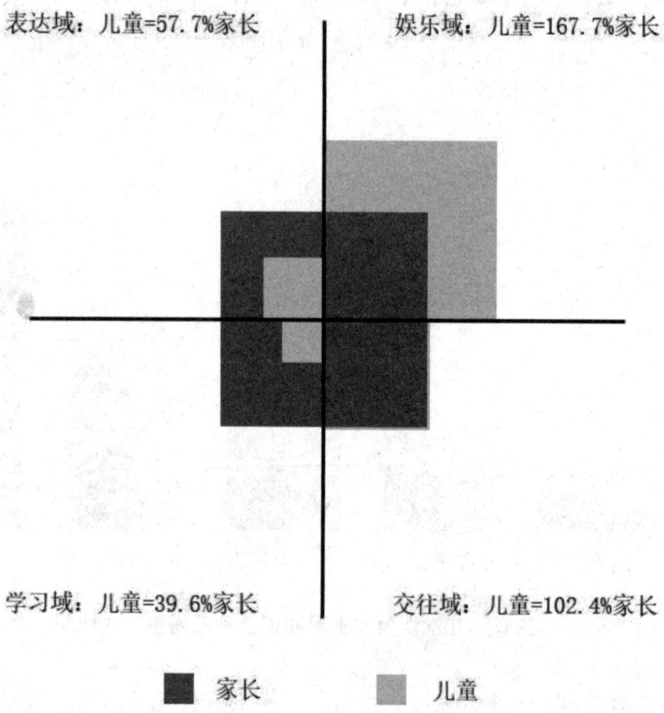

图26　儿童与家长在线活动比率对比（小学中年级）

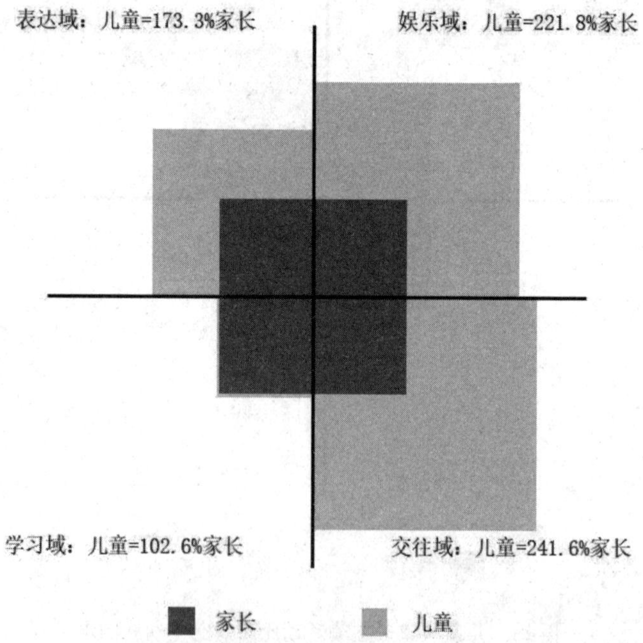

图27　儿童与家长在线活动比率对比（初中）

（1）娱乐行为对比

①不管是哪个年龄段，儿童使用数字媒介玩游戏的比率都要远高于家长。

②儿童使用媒介听音乐的人数随着年龄的增长而增加，但家长的人数却有缓慢下降，这导致两者之间的差距愈加显著。

③儿童家庭看视频的行为都很活跃，随着年龄的增长，家长与儿童之间的差距有所加大。

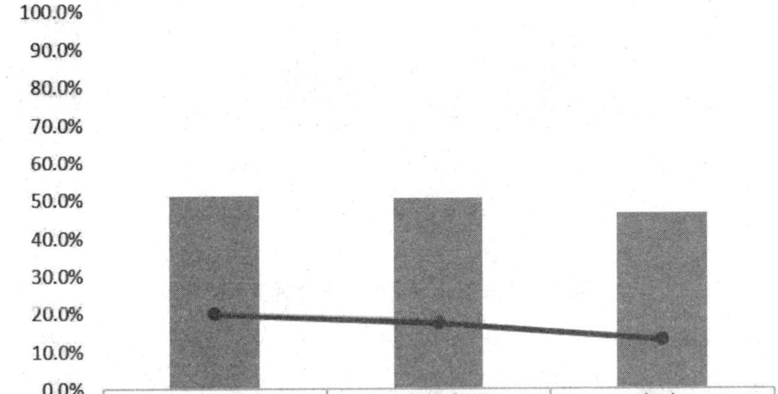

	幼儿园	小学中年级	初中
儿童	51.1%	50.4%	46.6%
家长	19.8%	17.4%	13.1%

图28　家长与儿童用数字媒介玩游戏的比率

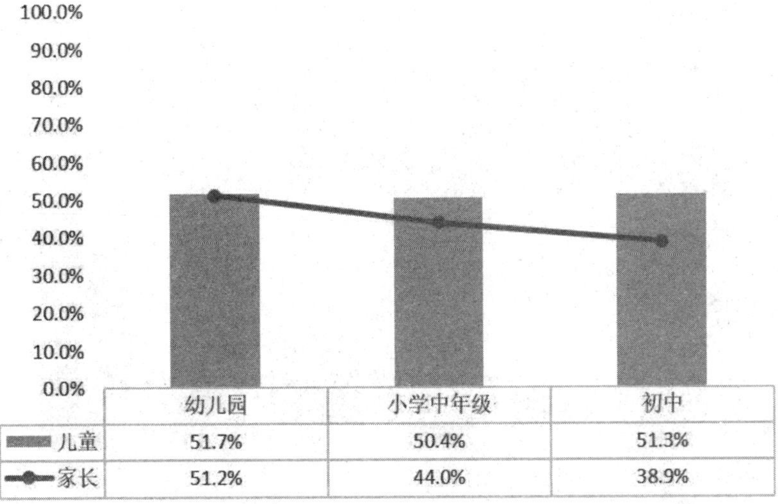

	幼儿园	小学中年级	初中
儿童	51.7%	50.4%	51.3%
家长	51.2%	44.0%	38.9%

图29　家长与儿童用数字媒介看视频的比率

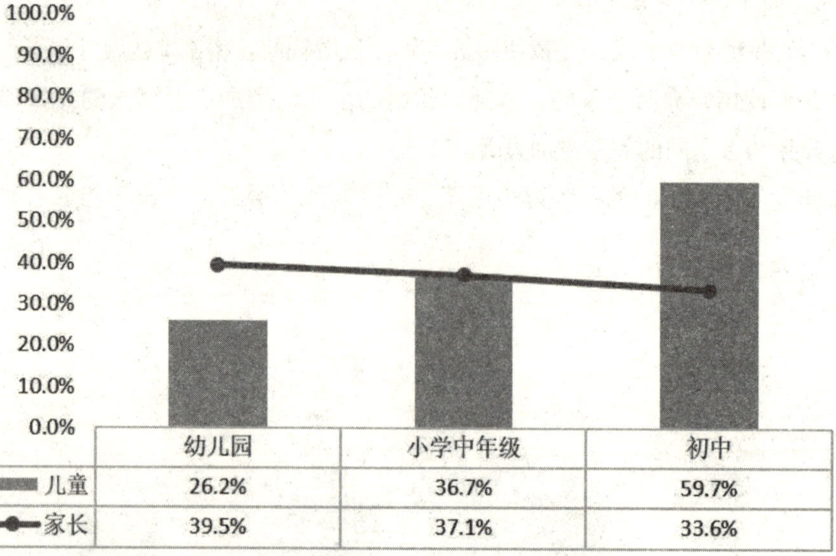

	幼儿园	小学中年级	初中
儿童	26.2%	36.7%	59.7%
家长	39.5%	37.1%	33.6%

图30 家长与儿童用数字媒介听音乐的比率

（2）交往行为对比

①儿童加入线上联盟的比率在小学低年级时已超过家长，而加入Q群的比率也在初中时超过家长。

②儿童拥有网友的人数随着年龄的增长迅速增加，而各年龄段家长的人数则比较稳定。从小学高年级开始，儿童拥有陌生网友和主动加网友的人数都超过了家长。

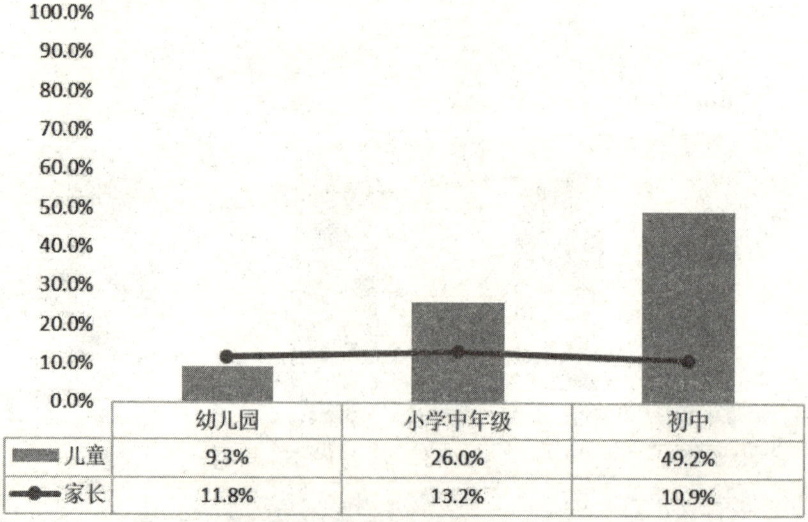

	幼儿园	小学中年级	初中
儿童	9.3%	26.0%	49.2%
家长	11.8%	13.2%	10.9%

图31 家长与儿童加入线上联盟的比率

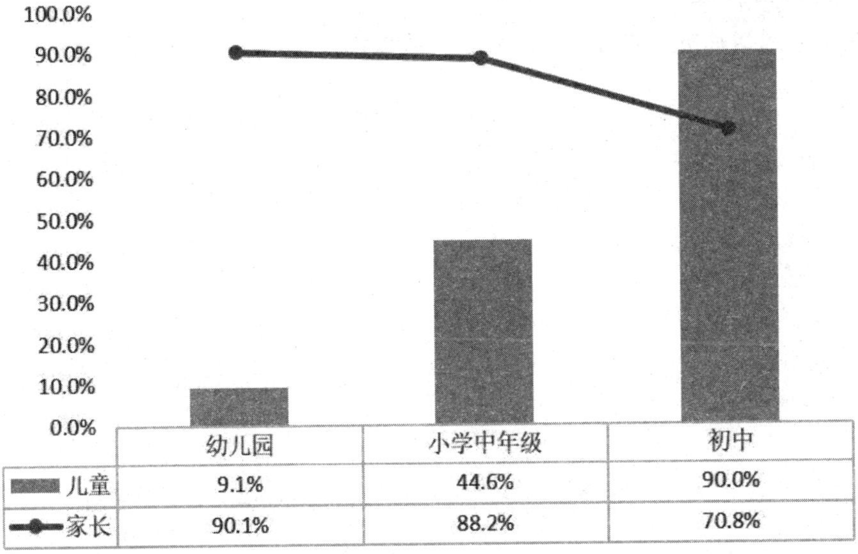

图32　家长与儿童加入Q群的比率

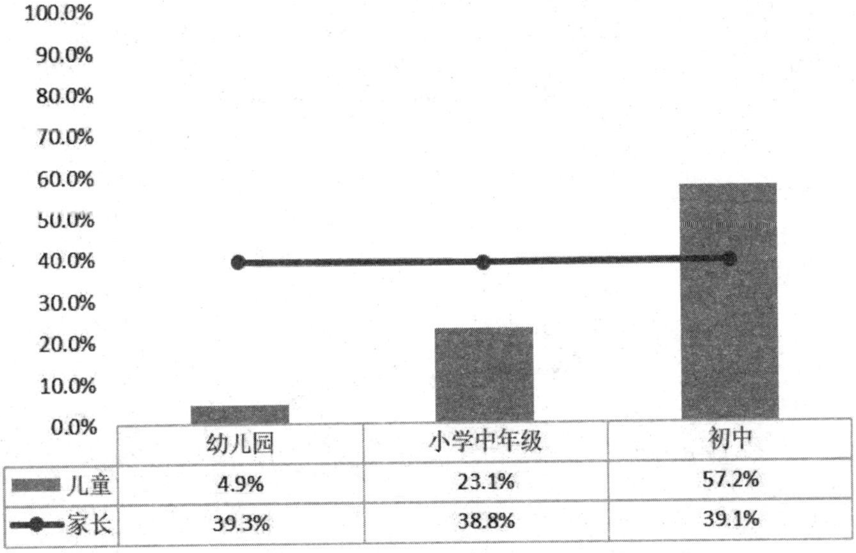

图33　家长与儿童拥有网友的比率

（3）学习行为对比

①相比起儿童在线学习行为的迅速增长，家长反而在孩子高年级段有下降的趋势，这导致了家长与儿童之间在初中阶段学习行为的差异变大。无论是看电子书抑或是上网查询信息，到了初中，儿童都已反超家长。很明显，在代际对比中，年纪越大

的家长在线学习比率越低，儿童则相反。

②在通过网络解决问题方面，随着年龄的增长，儿童的自主性逐渐增强，到了初中阶段，和家长已无差异。

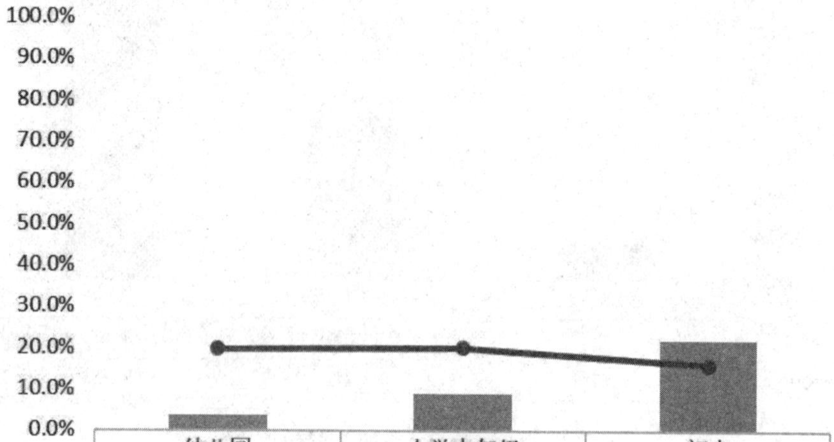

	幼儿园	小学中年级	初中
儿童	3.6%	8.8%	21.9%
家长	19.6%	19.9%	15.8%

图34　家长与儿童看电子书的比率

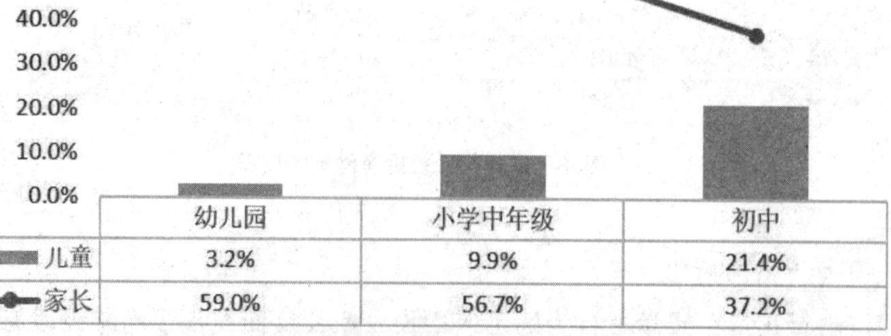

	幼儿园	小学中年级	初中
儿童	3.2%	9.9%	21.4%
家长	59.0%	56.7%	37.2%

图35　家长与儿童遇到困难上网查找答案的比率

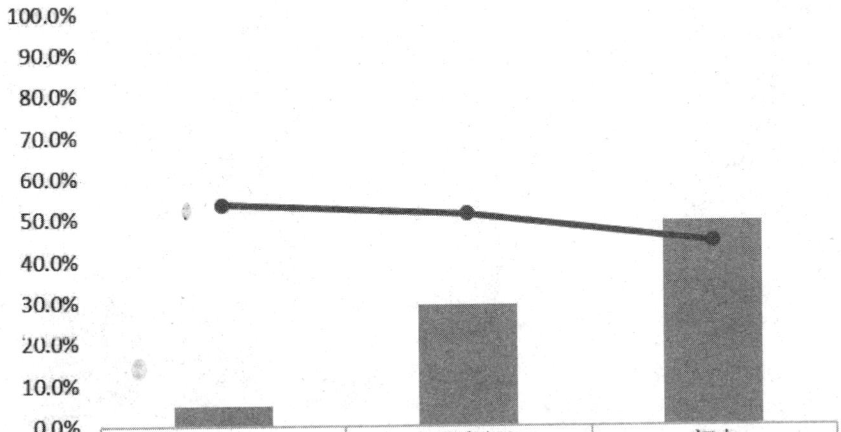

	幼儿园	小学中年级	初中
儿童	4.9%	29.3%	49.4%
家长	53.5%	51.1%	44.3%

图36　家长与儿童上网浏览/查找信息的比率

（4）表达行为对比

①微博作为一种表达工具，儿童的拥有率在初中阶段超过家长。

②相比起家长，儿童有更强的多媒体表达能力，对于高年龄段儿童来说更是如此。11岁以后，儿童在网络上拥有粉丝的人数开始高于家长，在这个年龄段，在网上发表内容的儿童也开始超过家长，到初中时已达到家长的5倍以上。

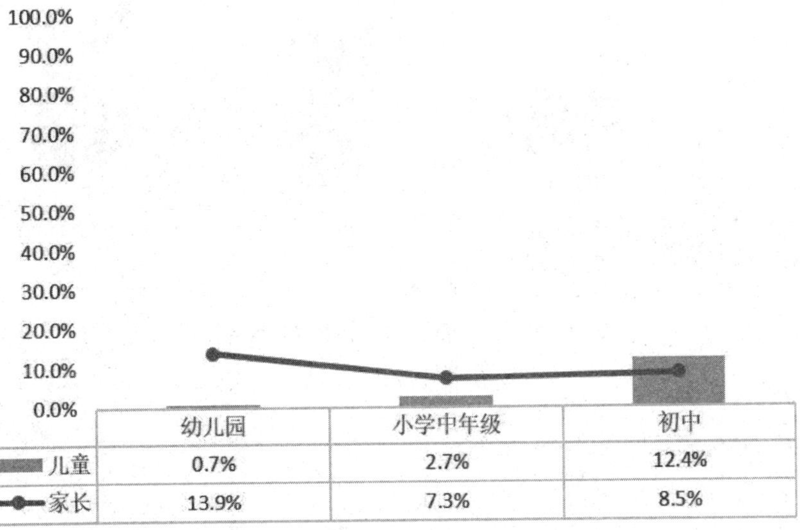

	幼儿园	小学中年级	初中
儿童	0.7%	2.7%	12.4%
家长	13.9%	7.3%	8.5%

图37　家长与儿童手机用微博的比率

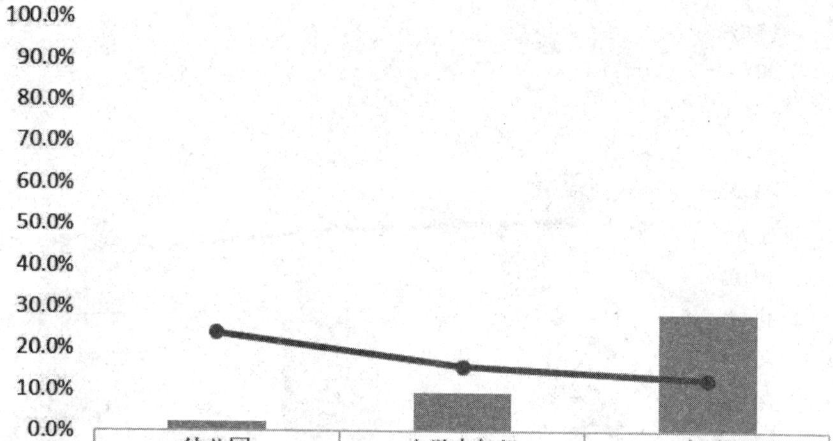

	幼儿园	小学中年级	初中
儿童	2.4%	9.3%	28.6%
家长	23.9%	15.6%	12.5%

图38　家长与儿童在社交媒体拥有粉丝的比率

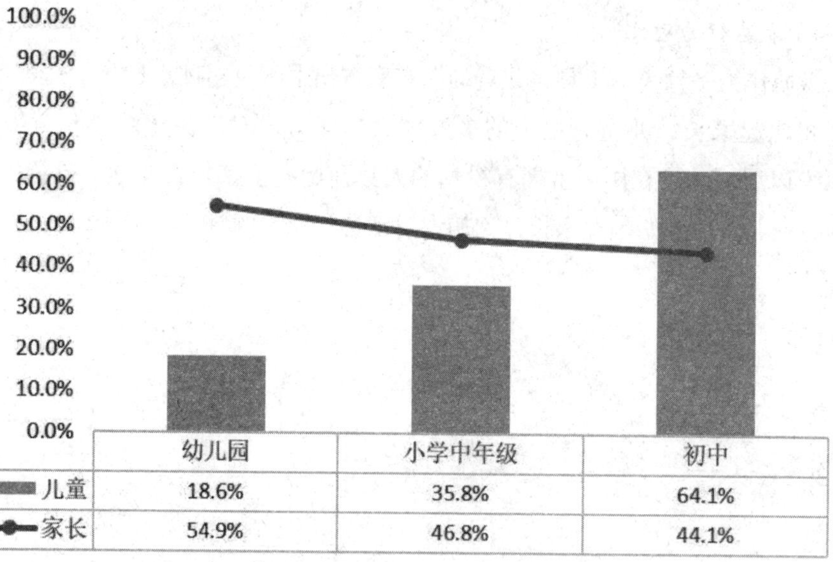

	幼儿园	小学中年级	初中
儿童	18.6%	35.8%	64.1%
家长	54.9%	46.8%	44.1%

图39　家长与儿童在网络上发表内容的比率

第三章
家庭教育与儿童在线风险

第一节　家庭教育与儿童媒介行为

一、家庭教育与儿童成长

家庭是儿童出生至成人前所接触的最主要的社会环境，亲子关系也是儿童建立的最亲密的基于血缘之上的社会关系。家庭是一个动态的系统，它不仅根植于广阔的社会文化历史之中，也深藏于细微复杂的运动着的家庭关系与家庭互动之中（缪建东，1999）。在教育者眼中，家庭教育是一种重要的教育实践形式，包含着十分复杂的成分，既有显性的教育，如父母有意识、有目的的言传身教、榜样示范，也有隐性的教育，如蕴含于家庭文化、亲子关系、家庭互动等等之中的教育影响（缪建东，1999）。家庭对儿童发展的影响不言而喻，从发展心理学的角度来看，社会学习理论和发展生态环境理论对家庭教育的重要作用做出了很好的解释。

（一）社会学习理论

社会学习理论（Social learning theory）是社会心理学中的一个重要理论流派，这一理论的核心思想认为，一个人的当前行为是由其过去的经历所决定的，他已有的经验、训练、强化对行为的习得起着至关重要的作用（俞国良，2006）。班杜拉（Bandura. A）是该流派的集大成者，他提出了以认知为基础的观察学习理论，认为人是具有认知能力的，是积极的信息加工者，儿童可以通过观察他人的行为，来学习社会赞许或不赞许的行为（Newman and Newman, 2005）。班杜拉强调观察学习是一个重要的发展过程，观察学习只是通过观察他人（称为榜样）的行为而进行的学习，一个8岁孩子听到父母以蔑视的口吻谈论弱势群体，就可能产生对该群体的消极态度。在童年早期，家长是影响儿童的主要他人，家长的行为会对儿童行为产生重要影响。

（二）发展生态环境理论

发展生态环境理论是对社会学习理论的发展。班杜拉认为，儿童成长的环境既影响着个体的发展，也受发展的个体的影响。他提出相互决定论，主张积极的人（P）、个体的行为（B）和环境（E）之间是相互作用的，其关系如图40所示：

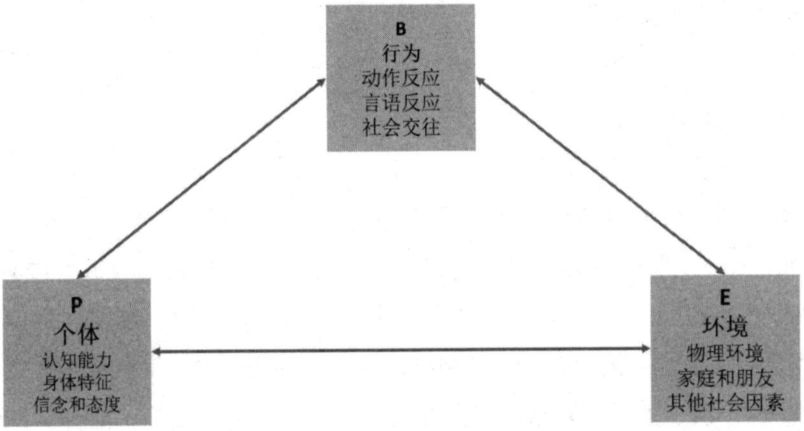

图40 班杜拉的相互决定论模型。来源：Bandura，1978（转引自：罗伯特·费尔德曼，2007）

在此基础上，布朗芬布伦纳对发展的生态环境做出了详细的分析。他认为，发展的个体处在从直接环境（像家庭）到间接环境（像宽泛的文化）的几个环境系统的中心或嵌套于其中，每个系统都与其他系统以及个体相互作用，影响着发展的许多重要方面。家庭作为儿童生活中最主要的微观环境，与其发展之间存在着复杂而紧密的互动关系（费尔德曼，2007）。

以由父亲、母亲和第一个出生的孩子组成的最简单的传统核心家庭为例，婴儿的微笑可以由母亲的微笑所引发，而母亲担心的表情通常也会使孩子变得小心谨慎，但当父亲参与进来时，则又会发生新的变化。将家庭看作是一个系统，承认父母对孩子的行为产生影响，但儿童也会影响父母的行为。也就是说，家庭既是一个由相互关系组成的交错的网络，又是一个不断变化（历时系统）并受到社区（中间系统）和文化（宏观系统）很大影响的联盟。在此过程中，父母关系、亲子关系、教养方式都会对儿童的行为与发展产生影响（费尔德曼，2007）。

二、儿童媒介行为的家庭影响因素

诸多研究已经表明，家庭会对儿童媒介使用产生重要影响。“大量研究证明了儿童所在家庭的社会经济地位、宗教信仰、家庭沟通形态等与儿童电视接触频度、接触时间和内容偏好等有关”（转引自：卜卫，1996）。在媒介化时代，家庭的要素由以往的父母与孩子变成了父母、媒介与孩子。根据前人的研究以及我们多年对儿童的观察及一线教学经验，我们认为家庭亲子关系、家庭教养形式以及家长媒介行为是儿童媒介使用最显著的影响因素。

（一）家庭亲子关系

家庭亲子关系是一种重要的教育因素，在教养孩子的问题上，亲子关系的质量远远比某一具体的教育方法来得重要，它直接决定着孩子的发展水平（缪建东，1999）。缪建东（1999）指出，家庭的亲子关系具有三层含义：（1）生物学意义，主要表示的是血缘关系；（2）社会学意义，主要表明的是法律、制度、地位等关系；（3）心理学意义，主要揭示其特定的情感态度、行为方式等方面的联系。媒介研究者们很早就发现，亲子关系对儿童的媒介使用有着相当重要的影响（陆晔，2006）。我们认为在家庭教育中，亲子关系可以体现为三个方面：（1）媒介陪伴；（2）对儿童媒介行为的了解程度；（3）社交媒体上的数字关系。

媒介陪伴指的是在儿童使用媒介时，家长是否在旁陪伴、监督和引导。有学者认为，有效的媒介陪伴能够引导儿童树立正确的媒介观，抵御不良信息的侵害，然而学者发现，大部分家长虽然会进行媒介陪伴，但多是无意识的。陆晔（2006）的研究发现，超过61.4%的家庭会陪伴孩子一起看电视，只有52.3%的家庭会边看电视边和孩子交谈与节目内容有关的话题，看完电视后还能就电视内容跟孩子交流讨论的只有38.1%，而能陪孩子一起上网并就有关内容进行讨论的就更少。我们的调查显示有61.2%的家长曾陪儿童看过电视，有不到半数（44.8%）的家长曾陪孩子玩过电子游戏，但这两种陪伴都随着孩子年龄的增长而逐渐减少，陪孩子玩电子游戏的比率从幼儿园到初中下降了近一半。（见表6）

表6 媒介陪伴

年级	陪孩子看过电视的比率	陪孩子玩过电子游戏的比率
幼儿园	69.0%	57.0%
小学低年级	59.6%	52.6%
小学中年级	58.6%	48.2%
小学高年级	61.6%	37.0%
初中	61.0%	30.4%
合计	61.2%	44.8%

对儿童媒介行为的了解程度体现了家长对儿童媒介行为的关注程度，也是亲子关

系的重要方面。研究发现，家长对儿童媒介行为的了解程度随着年龄的增长而下降。（见表7）

表7 父母对儿童媒介行为的了解程度

年级	儿童卷	家长卷
幼儿园	N/A	79.2%
小学低年级	63.6%	81.4%
小学中年级	70.3%	85.1%
小学高年级	71.8%	78.3%
初中	64.0%	69.4%
合计	68.5%	79.0%

注：N/A表示无此年龄段数据。

移动互联网时代，家长与儿童在社交媒体上形成了新的关系，这种家长基于媒介中介和行动通讯工具上的交流成为当代家庭沟通新模式。成长于电视时代的父母与成长于互联网时代的子女彼此通过个人化的社会媒体与行动装置进行一种介于实体与虚拟世界的家庭沟通，不仅对家庭凝聚力产生影响，也让父母维持父母督导，并与子女进行恰当的沟通与联系（张煜麟，2014）。我们的调查显示，随着儿童年龄的增长，家长与孩子在社交媒体上的关系愈加紧密。（见表8）

表8 是否与儿童在社交媒体上相互关注

年级	QQ			微信			微博		
	有	没有	没使用	有	没有	没使用	有	没有	没使用
幼儿园	10.2%	78.8%	11.0%	16.4%	74.6%	9.1%	3.0%	83.8%	13.2%
小学低年级	21.3%	64.3%	14.3%	19.8%	66.7%	13.5%	3.6%	74.6%	21.8%
小学中年级	46.9%	42.1%	11.0%	31.5%	57.9%	10.6%	5.4%	68.1%	26.5%
小学高年级	64.9%	26.1%	9.0%	41.0%	44.5%	14.5%	8.4%	52.3%	39.3%
初中	66.0%	23.1%	10.9%	44.0%	39.1%	17.0%	15.8%	41.5%	42.7%
合计	43.9%	44.7%	11.4%	31.0%	55.8%	13.2%	7.4%	62.9%	29.7%

（二）家庭教养方式

家庭教育的研究者指出，依据家庭教养方式的两个维度——父母的接纳/反应和命令/控制，可以将家庭教养方式分为四种维度。如图41所示：

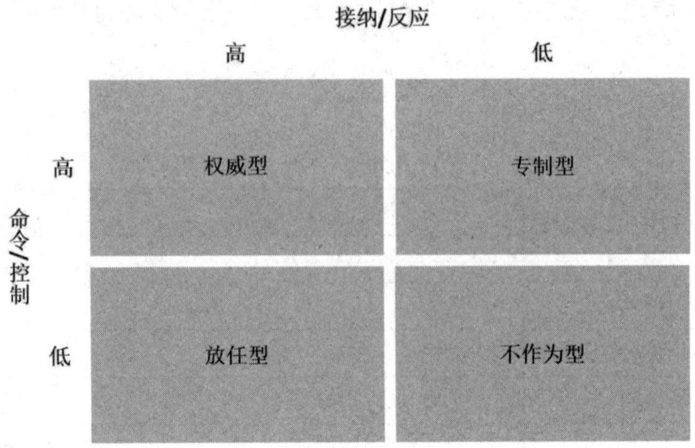

图41　四种教养方式（转引自：罗伯特·费尔德曼，2007）

我们在观察中发现，这四种类型的教养方式也体现在家长对儿童的媒介使用上，可以按照以上类别，分为约定型（类似权威型）、专制型、放任型和不作为型。

1. 约定型的教养方式是接纳/控制的

这种父母会对孩子提出许多合理要求，并且会谨慎地说明要求孩子遵守的理由，保证孩子能够遵从指导。与专制型的父母相比，约定型父母更多地接纳孩子的观点并做出反应，并会征求孩子对家庭事务的意见。约定型的家长在儿童的媒介使用中，多采用民主协商的方式，与儿童约定好使用电子媒介的时间和内容，引导儿童自觉遵守。我们在调研中发现，不少年轻家长会采用约定的方式引导儿童使用媒介，并在协商中相互妥协。

三年级男孩母亲：从小一看到孩子玩游戏时间长，我们跟他说理，然后他就会选择不玩。但是到了三年级第二个学期，他就听到有些孩子在玩游戏，我就会问："那你觉得那些老玩游戏的孩子怎么样？"他就会说："老是喜欢谈论一些游戏，不太好。"所以现在我孩子也不怎么玩网游。

六年级男孩母亲：一般情况下，他会跟你提多一点的时间要求。比如我们规定一小时，他会说多半个小时好不好。具体我们通过协商来定的。比如说某某东西完成得好，我就说两小时。反正我减，他加。就这种情况，在商量的范围下不会超过两小时。

二年级男孩父亲：上网一般控制在半个小时以内。平时我们都用密码把电脑锁住的，所以在玩之前要问过家长同不同意。因为年龄小，所以好约定时间。首先要跟他谈条件，约定好了就按规矩办。

2. 专制型的教养方式是冷淡/控制的

在这种教养方式下，成人为孩子设定许多规则，希望孩子能够严格遵守，依靠权力而不是道理迫使孩子顺从。专制型的家长在管理儿童的媒介行为时，以自己的意志为主，为孩子设定使用时间和规则，让孩子严格遵守，并不征求儿童的意见。当儿童违反规定时，甚至会惩罚他。

二年级男孩母亲：我们也是有规定，星期一到星期四不可以玩电脑，星期五晚到星期天才可以玩。每次他爸爸叫我不要太强迫，但是星期一到星期五吃完饭也会给他看半个多小时甚至一个小时电视。有时候我们看新闻，他也看。都是我们来定的。

此外，有一些家长为了管理儿童的网络行为，刻意将家设置为无网的环境，或者由家长管理网络端口，设置密码，限制儿童的媒介接触。

三年级女孩母亲：我们家里没有网络，我要带她去办公室上网。平时也是只有周末下午和傍晚可以。这样基本就控制了。每周日是最少一个小时，有10～20分钟学奥数，剩下的时间给她自由玩。所以她特别期待周日下午的时间。

三年级男孩母亲：之前试过锁密码，两次都被他解开了。后来我们就把电脑放在仓库里，平时也不让他进去。

二年级男孩母亲：我们觉得男孩子就要穷养，所以就没有给他配智能手机，只要能打电话发短信就好了。我家也买了平板电脑，一般都锁住，没有给他用。

六年级男孩父亲：因为孩子周一到周五都在学校住宿，所以周末放假回家会让他玩久一点。但是孩子前阵子很沉迷于网游，千方百计地抓紧时间玩游戏，我妈和家里的阿姨都反映孩子经常待在房间玩电脑。于是我就想办法把孩子带到户外去活动，少让他待在家里，和几个朋友商量好每周末轮流带我们几家的孩子出去活动，另一方面，我将Wi-Fi设在了自己的房间，由我来控制Wi-Fi密码，限制孩子上网。

我们在研究中发现，许多专制型的家长会将儿童的媒介使用与学习成绩挂钩，只有当孩子取得比较好的学习成绩或者完成作业后，才可以玩游戏。

四年级男孩母亲：上网方面，孩子一心用于玩游戏的比较多，我认为不能太过于放纵孩子上网，一旦孩子玩超过三或四个小时，我就会惩罚他，一般是打他手脚或屁股。并且说明了只有考试成绩达到分数要求才能玩：语文90、数学95、英语95。

四年级女孩母亲：我的孩子11岁，比较容易被新事物吸引、迷恋。我要求孩子要达到分数才能上网：语文90、数学95、英语85。

二年级女孩家长：我有给她规定。周一到周四不可以玩电脑，周五到周日回来吃完饭要先写作业。她爸爸管她的时间比较少，都是我来规定，玩电脑时间控制在半个小时之内。

3. 放任型的教养方式是接纳/放任的

放任型的家长则对儿童使用电子媒介的行为不做任何干涉，任由其自己选择玩或不玩，也不会对儿童的行为做出监控。我们的研究发现，这一类家长一般对孩子比较溺爱。

六年级女孩母亲：我们没有限制孩子上网或玩游戏，但她并不着迷，要用到会先问我们能不能上网。她自己本身有手机，回到家、晚上睡觉前都有玩，没有定时。

三年级女孩母亲：没有规定时间，我们上班都比较忙，没什么时间带孩子。

一年级男孩母亲：一开始他会很痴迷，我也不去管，就让他玩，他玩很长时间，超过一个小时了，就会自己和我说，妈妈，我眼睛痛，那我就会告诉他，因为你玩太长时间的电脑了，以后不要玩这么长时间就好了。

4. 不作为型的教养方式是冷淡/放任的

在家庭教育中，不作为型的家长对如何引导孩子也没有什么概念，并不关注儿童是否使用电子媒介，对孩子的需求不予理睬。

一年级女孩母亲：因为孩子比较小，对微博、微信都不熟悉，在网络上能接触到的东西也比较少，加上孩子本身对网络兴趣不是很大，所以作为妈妈，对孩子在使用网络方面没什么担忧，也没想过要怎么引导孩子用好网络等新媒介，也没有考虑过更长远的东西，对孩子在媒介使用方面还是很满意的。

然而研究发现，家长的教养方式并非一成不变的，有些家长会根据孩子生理心理的变化调整自己的教养方式。

三年级女孩：以前上网时间没规定。有时就会玩一天的电脑游戏。现在因为近视了，爸妈就开始管了。家里的电脑设了密码，我想玩也玩不了啊。

（三）家长媒介行为

班杜拉曾指出，儿童通过注意、模仿、保留、再造、强化与激活这一系列心理活动与因素，会将观察来的行为转换为自己的行为。家庭作为儿童发展生态环境中的微观系统，是"最接近于儿童而且包含着儿童直接接触的结构"（刘荃，2015）。家长（榜样）的行为示范直接影响儿童的行为习得。在媒介研究中，我们也发现家长的媒介使用与儿童媒介使用存在显著的正相关，其中家长的在线行为与儿童的在线行为也同样显著相关。我们在家长和儿童问卷中，分别抽取了娱乐、交往、学习、表达四类在线行为的显著指标，进行相关性分析，结果发现，家长的各类在线行为与儿童的在线行为都显著相关性。（见表9）

表9　家长在线行为与儿童在线行为的相关性分析

媒介活动		儿童			
		娱乐行为	交往行为	学习行为	表达行为
家长	娱乐行为	0.163**	–0.074**	–0.018	–0.006
	交往行为	–0.021	0.101**	–0.022*	0.055**
	学习行为	0.037**	–0.127**	0.048**	–0.066**
	表达行为	0.040**	0.025*	–0.008	0.154**

注：（1）表内数字为相关系数；（2）*表示在0.05水平（双侧）上显著相关，**表示在0.01水平（双侧）上显著相关。

第二节 家庭教育现状加剧儿童在线风险

上一节中我们讨论了家庭因素对儿童媒介行为的影响。在第一章时我们已经指出，媒介行为是与在线风险相生相存的。同样，家庭因素对儿童在线风险的影响也十分显著。然而我们的调查显示，家长在家庭教育上的表现不尽如人意，这无形中加大了儿童遭遇在线风险的可能性。

家庭是儿童使用新媒介的主要场所，父母是儿童安全保障的第一监护人。从调研和访谈看，家长在家庭教育和引导方面存在很大缺失，主要体现在以下三个方面：在亲子关系方面，家长对儿童不了解，对儿童的影响弱；在家庭教育方面，家长对儿童的媒介教育缺失；在家长示范方面，没有做好榜样作用。也就是说，家长在对儿童媒介使用形成显著影响的三大因素上，都没有做到位。这也加剧了儿童在线风险的形成和发展。

（1）亲子关系方面：家长没有成为孩子的数字好友，同时家长在孩子面前越来越失去影响力

调研显示，大部分家长承认没有在社交媒体上成为孩子的“好友”。在普遍使用的社交媒体上，有44.7%的家长没有在QQ上、55.8%的家长没有在微信上、62.9%的家长没有在微博上和孩子加为好友。由于不是好友关系，家长便很难通过正当途径全面了解孩子的网络行为，帮助孩子预防网络风险。同时，在屏幕前家长的陪伴也比较少，调查中，有55.2%的家长从未陪孩子玩过电子游戏，38.8%的家长没有陪孩子看过电视。

随着年龄的增长，儿童受父母的影响逐渐减弱，网络作为新的影响源迅速崛起。新媒介加速降低了父母作为孩子学习、生活问题第一解决者和依赖者的地位，造成这一结果的原因，一方面是由于儿童借助新媒介自主学习和解决问题能力的提升，另一方面是父母在这方面的忽视和努力不够所致。

00后儿童在学习上遇到问题时的求助对象，家长的比率不断在下降，由幼儿园阶段的88.1%降至初中阶段的18.7%；而同学、朋友以及上网找答案的比率则越来越高，分别由1.7%和3.2%，升至25.4%和21.4%（见图42）。

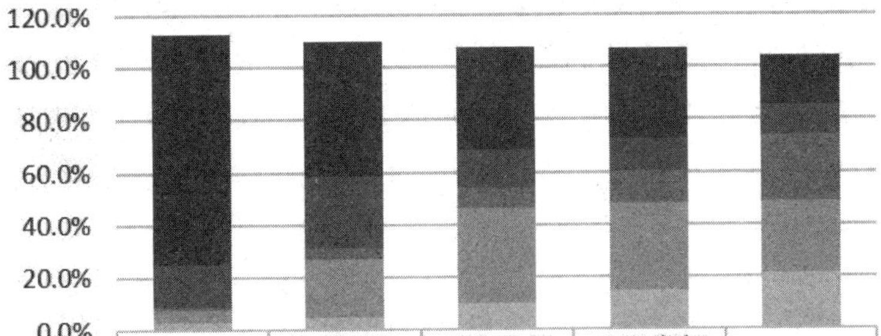

	幼儿园	小学低年级	小学中年级	小学高年级	初中
■父母	88.1%	51.6%	39.1%	34.6%	18.7%
■老师	16.0%	27.5%	14.4%	11.9%	11.2%
■同学、朋友	1.7%	4.1%	7.5%	12.6%	25.4%
■查字典或相关书籍	4.2%	22.5%	36.6%	33.1%	27.3%
■上网找答案	3.2%	4.5%	9.9%	14.8%	21.4%

图42　生活中遇到问题上网找答案的比率

（2）家庭教育方面：家长没有实施必要的预防措施，缺乏有效的教育引导

我们在调查中发现，家长对于孩子的上网安全与否重视不够，没有及时实施必要的教育引导。61.7%的家长没有为孩子筛选过手机或平板电脑的应用程序。67.7%的家长给孩子平板电脑时没有约定玩的时间和内容。家长是孩子小时候上网安全的“监护人”、网络信息内容的把关者和引导者，如果没有尽到相关教育责任，没有在上网内容和时间上给予必要的引导和约定，孩子易迷失在网络世界，受到伤害的可能性会大大增加。

（3）家长示范方面：家长没有成为孩子良好媒介行为习惯的榜样

我们的数据显示，在孩子们的印象中，爸妈在家里最喜欢玩手机（72.9%认为喜欢玩手机），但不怎么看书（27.2%认为爱看书）。孩子认为，家长上网最喜欢的就是玩微信（53.6%）、网购（48.0%）。家长是孩子的第一任老师，从小孩子就会悄悄模仿大人的行为。但今天的父母在健康文明的媒介使用行为方面，并没有为孩子做出表率。他们也天天粘在屏幕上，甚至在陪伴孩子时也玩手机。

综上所述可见，今天由于新媒介的介入，大人在家庭中对孩子从小已经失去了控制信息来源的能力；由于儿童数字化成长的加速以及大人的应对措施不力，大人已经失去了凭自己成长经验及时预知儿童可能遭遇风险的能力；并且在孩子遇到风险时，大人也越来越早失去了对孩子的影响力。

面对儿童的数字化成长，今天的父母与儿童同处于风险之中，他们中很多人不知道风险在哪里，知道风险了又不知该怎么办，知道怎么办了又丧失了影响力，而且自己也处于风险之中。这正是今天00后儿童家庭媒介教育缺失的重大危机。

第四章
儿童在线风险对策研究

第一节　建立符合我国国情的儿童网络安全研究体系

一、坚持国际视野下的本土研究

儿童在线风险的核心是弄清楚新媒介与儿童的关系，但对于科学研究者而言，这是一个不小的挑战。我们可以看到，新媒介技术变化之迅速、普及之迅猛，是人类历史上前所未有的。20世纪60年代互联网在美国诞生，到2015年末全球互联网用户数量已达32亿，占世界总人口的43.4%。2007年苹果智能手机诞生，移动端上网渐成主流。仅在2013年，全球移动联网设备数就达68亿台，几乎等于当时地球上的人口总和，2015年底已有70亿活跃的蜂窝连接，这个数字在2000年只有7.38亿。与此同时，物联网、人工智能、可穿戴设备……这些新科技也迅猛发展。在这种新形势下，作为科研工作者的我们要做的，是密切跟踪儿童与这些快速发展的新媒介之间不断变化的新关系，找到那些关键因素和有迹可循的规律性的现象，找到儿童与新媒介之间的本质问题。

当我们把视野放回至中国时会发现，作为一个接入世界互联网仅20年的发展中国家，中国新技术增长的速度更为惊人，并越来越与世界同步。在这20年里，中国的互联网产业从弱到强，如今在总量上，中国多项指标已是世界第一。中国已被卷入全球互联网浪潮，成为地球村中重要的一员。中国已成为新技术的重要生产地和加工地。如今，网络内容是国际化的，产品也是国际化的。在互联网高度全球化的背景下，儿童所面临的线上风险也是国际化的。这种国际化的现实背景需要国际的统一治理，儿童网络安全的实现，需要国际联合。

中国的互联网发展速度很快，但是研究却相对滞后，尤其是针对儿童网络安全的研究，更是少之又少。因此，我们更需要学习与借鉴他国系统的、成果丰硕的儿童互联网研究。总而言之，儿童的网络安全问题，需要国际化的统一治理，也需要国际视野下的交流与协作。

习近平在2015年12月16日第二届世界互联网大会开幕式上讲话时说：“互联网是

人类的共同家园。让这个家园更美丽、更干净、更安全，是国际社会的共同责任。”与此同时，习近平也表示：“互联网虽然是无形的，但运用互联网的人们都是有形的。”世界各国的儿童网络安全问题既有共同点，又有各自的特殊性。儿童受互联网的影响与所处国家、民族、地区的文化状况、制度环境、媒介发展状况，以及家庭教养方式、教育观念等密切相关。同样的媒介工具和媒介应用，对不同地区、不同民族、不同家庭环境中的儿童影响是不一样的。

儿童网络安全问题也是整个社会和国家网络安全的一部分，这不仅关乎儿童自身的成长，更关乎网络社会的构建以及国家的信息安全。网络无边界，国家有主权。因此，关于儿童网络安全问题的研究，必须在国际视野的前提下，进行本土化、符合本国国情的实证研究。

没有调查，就没有发言权。世界大国在政策出台之前，都需要经过广泛深入的调研，以数据论证政策的合理性。面对愈演愈烈的儿童网络安全问题，发达国家和地区实施了颇具规模的全国性研究，其中欧盟关于儿童线上风险以及数字素养的研究，值得关注与学习。在第一章中，我们曾花大量篇幅介绍由伦敦政治经济学院主持的EU Kids项目。这个长达8年的研究覆盖了欧盟全部33个国家，共几万名儿童和家长接受调查。作为欧盟安全上网项目的组成部分，EU Kids项目出版了一系列的政策报告及书籍，积极参加各类政府峰会公布重要发现，在政治期刊上开专栏发布调研结果。同时，EU Kids项目成果也被列入欧盟绿皮书中，作为政策制定的依据。

综上，国际视野下的本土化研究，需要与时俱进，时刻跟踪青少年网络安全的新问题；需要放眼全球，进行国际合作，共同探讨儿童的在线风险；更需要以政策为导向，使研究成果与国家政策联系起来，真正发挥作用。中国教育学会“儿童和媒介”课题组，正是顺应这种新形势，在广泛借鉴国外研究经验和成果的基础上，密切跟踪我国儿童新媒介使用行为，进行本土化研究，定期为政策制定提供科学依据。

二、建立“发展与安全”双重视角的儿童新媒介素养评估框架

课题组认为，制定政策首先要确立目标，而目标的确立有赖于建立一个真实有效的评估框架。对于儿童的网络安全问题，我们首先要回答，在数字媒介成为人类生活环境的今天，儿童的网络使用行为如何在保障自身安全的基础上促进他们的全面发展。或者说，如何提升儿童趋利避害，在数字环境中安全、健康、文明成长的能力。避免风险、保障安全是发展的前提，但是发展本身是提升儿童化解风险的重要手段。

只有基于发展的安全观才是从根本上促进儿童成长的安全观，只有基于安全之上的发展才是可持续的发展。因而保障儿童的网络安全，核心是提高他们自身利用数字媒介趋利避害的能力，即新媒介素养。本研究认为，新媒介素养，是指儿童利用新媒介工具在数字化环境中趋利避害、发展自我，成为数字时代和网络社会优质公民应具备的能力。

事实上，从国际范围上看，为了应对儿童的网络安全等问题，全面提升儿童面向新媒介时代的技能和素质，儿童媒介素养研究和教育成为近年来全球教育的热点，并被世界各国列入公民教育的主要内容以至国家战略。进入新世纪，美国联邦教育部以“21世纪技能”为中心提出《21世纪技能框架》。框架以核心课程为基础，包括“学习与创新技能”“信息媒体与信息交流技能”“生活与职业技能”三大领域。其中将新媒介素养列为美国学生21世纪必备的三大技能之一。欧盟早在2006年把数字素养（Digital Competence）与母语交流能力（Communication in the Mother Tongue）、外语交流能力（Communication in Foreign Languages）、数学素养与科学技术素养（Mathematical Competence and Basic Competences in Science and Technology）、数字素养、学会学习（Learning to Learn）、社会与公民素养（Social and Civic Competences）、主动意识与创业精神（Sense of Initiative and Entrepreneurship）、文化意识与文化表达（Cultural Awareness and Expression）一起，纳入21世纪欧盟公民所必需的八项核心能力之一。此外，加拿大学校网络国家咨询委员会、新西兰教育部等，都为提高公民的数字素养制定了相应策略，推广新媒介素养课程及项目。然而，比起国外成果颇丰的研究和实践，我国媒介素养研究从概念引入到教育试点实践不过20年的时间，在本土化的研究和实践方面还非常欠缺。当互联网成为儿童生活学习不可或缺的工具和环境时，提高儿童的网络安全意识，是不能靠“堵”来实现的，我们同样需要培养他们充分地利用数字技术发展自我的能力。因此，面对新形势，全面提高儿童的新媒介素养水平十分迫切，唯有此才能让儿童在数字世界中趋利避害，保护并发展自我。

提高儿童的新媒介素养水平首先需要建立新媒介素养评估框架，以确立研究范围和教育目标。结合实证研究，在借鉴欧美等国家“媒介素养”“数字化素养”指标框架的基础上，为了适合中国国情，符合中国儿童新媒介使用习惯，本研究提出了中国儿童数字化成长的“新媒介素养”评估框架。

这一评估框架基于三大理念来制定：一是基于儿童权利保护的理念，即儿童的媒介接近权、有益信息的知晓权和媒介参与权；二是基于儿童能力发展的理念，在技能赋权的基础上通过教育赋能，充分发展儿童的各项数字化技能；三是基于创建儿童健康成长环境的理念，在今天新媒介成为儿童成长环境一部分的“互联网+”时代，需要家庭、学校和社会教育携手，需要政府、企业和全社会共同努力，创造有利于儿童身心健康成长的网络环境。

在这一框架下，我们从三个视角来看待新媒介：一是儿童发展的新工具，二是儿童成长的新环境，三是社会变革的新动力。与此对应，我们从三个角度来看待新媒介对儿童的影响以及进行媒介教育的目标：一是新媒介技术是儿童获得社会资本发展自我的基本工具，儿童应如何有效利用这种工具发展自我；二是新媒介技术构成了儿童成长的基本环境，儿童在此环境中应如何趋利避害，顺利成长；三是新媒介技术是正在改变世界的新动力，人类社会正向数字时代和网络社会迈进，儿童如何成为数字时代和网络社会的优质公民。

基于这样的视角和教育目标，本次研究努力实现本领域一些传统研究范式的转变。一是在研究视角上，从“信息—学习”的框架，拓展到“环境—成长”的框架；二是在素养教育目标上，从“批判性思维”，拓展到“趋利避害”，并将“个人发展与社会发展目标相结合”；三是在研究对象和内容上，从以“学生”和“学习”为主，拓展到儿童以多重身份（我们主要研究了作为玩家、用户和创客的身份）通过新媒介进入的多重领域（我们划分为娱乐、学习、交往、表达四个领域）进行丰富的媒介行为；四是在研究场景上，从“学校”拓展到“家庭”，将研究置于儿童使用新媒介的日常家庭生活场景中，将儿童与媒介的关系，置于他们与主要影响者——家长之间的互动中，来观察他们的素养状况。

我们将“发展与安全”作为儿童新媒介素养框架的基点，提出三大维度十大领域来评估儿童的新媒介素养（见表10）。通过创建“新媒介素养”框架，可以为政府和决策者下一步制定符合中国儿童数字化成长和新媒介使用习惯的网络安全和媒介素养教育政策、方案，提供科学的依据，为广大教育工作者和家长们科学引导、培养儿童网络安全意识和提升媒介素养水平提供有效指引。

表10　“发展与安全”双重视角的儿童新媒介素养框架

维度	领域		
媒介接触	广度	可以接触到的新媒介工具	1. 接触到同龄人普遍使用的新媒介产品 2. 能够使用各种常用的媒介应用
	深度	使用新媒介的时长和年限	1. 在合理的时间范围内使用新媒介及其应用（需要考虑使用深度和健康的关系） 2. 在适当的年龄接触相应的数字媒体及应用
	偏好	对新媒介工具的偏好	1. 对新媒介工具的喜好有自己的判断

（续表）

维度	领域		
在线活动	娱乐	使用在线娱乐类和消费类应用	1．随年龄增长，玩适龄能力的互联网娱乐应用 2．自主选择、安装、学习互联网娱乐应用 3．自主合理进行网络消费的能力
自我发展能力	交往	在线交往合作	1．与他人通过新媒介进行在线交往的能力 2．通过网络游戏与人交往的能力 3．与陌生人通过网络进行在线交往的能力 4．通过网上结社进行交往合作的能力
	学习	在线获取信息、检索信息、筛选信息、辨识信息的能力；利用网络解决问题的能力	1．通过网络阅读浏览信息、搜索信息的能力 2．在生活学习中遇到问题通过网络学习并解决问题的能力 3．通过公众号等新媒介产品获取各种信息与人互动的能力 4．对各种信息有效的辨识能力
	表达	发布传播信息；创建自媒体	1．在网上积极发表内容 2．根据年龄创造并发布文字、语言、图像等内容 3．创建自媒体，拥有粉丝
抗风险能力	健康	通过提升自我能力保护自己的身心健康	1．对不良信息的辨识和抵御 2．对电子产品有节制地使用，防止网络沉迷对身心造成的伤害
	安全	防护自已的信息和生命财产受到他人侵害	1．数字化账号等网络个人涉密信息的有效保护 2．预防因网络社交行为导致的人身侵害 3．防护网络暴力、网络诈骗等各种犯罪行为
	文明	遵守伦理、礼仪和法治，不刻意伤害他人	1．遵守网络伦理，理性表达 2．遵守网络道德，不施暴 3．遵守网络法规，懂法知法，不违法

（1）媒介接触和使用

这一维度用来整体评价当代儿童对数字化媒介技术的接触和喜好程度。我们分了广度、深度和偏好三个领域。广度是指儿童是否广泛地接触主流的各种媒介技术产品，深度是指儿童使用这些数字技术的时间（主要是周末时间），偏好是指儿童对新媒介的偏好。在这些维度下，我们全面考察包括课外书、报刊、电影、电视等传统媒介，也包括了智能手机、平板电脑和移动互联网应用等新媒介，以对比考察偏好。考察的媒介使用场景则以儿童在家中利用周末时间使用为主，这也是目前中国内地儿童较为自由使用各种新媒介的主要场景。

（2）自我发展能力

这一维度用来评价当代儿童利用数字技术促进自身成长的能力，也就是“趋利避害”的“趋利能力”。我们分了娱乐、交往、学习和表达四个领域。这些领域的划分是基于通过实证研究，我们看到数字技术在这四个方面最能够影响当代儿童，而且随着年龄的增长，数字技术在这四个方面影响的程度是不同的。这些领域也构成了儿童社会化进程的四个主要方面。在这里，我们的研究视野力求全面反映儿童在网络上的各种媒介行为和数学生活，真实地描述儿童的数字化成长轨迹。

娱乐域：娱乐是儿童使用数字化媒介最重要的方式之一。我们认为，游戏也是儿童成长非常重要的方面，儿童通过游戏在建构自我，而且电子游戏对儿童的人格、能力的影响是多方面的。除此外，在网上听音乐、看视频等娱乐行为是儿童了解世界的窗口，影响他们世界观和价值观的塑造，也是形成、参与青少年亚文化的重要载体。事实上，在新媒介产品中会玩的能力，本身也是儿童非常重要的能力。

交往域：交流是新媒介的核心功能。儿童利用新媒介大大拓展了自己交往的范围和能力。随着儿童线上交往行为的逐渐加深，线上和线下的界限日益模糊，对儿童成长造成的影响也愈加深远。在保障安全健康的前提下，进行高效合理的线上交往、线上合作，是儿童需要培养的一项重要能力。

学习域：新媒介增加了儿童自主学习的能力，儿童能够利用数字技术自主在线学习、解决问题。学习能力是儿童在数字时代的核心竞争力之一，在学习域中，我们不仅强调儿童通过网络有效获取知识的能力，也强调他们自主解决问题的能力、面对信息的辨识能力。

表达域：新媒介使人人可以创建自媒体。通过自媒体表达和参与社会是数字时代公民的一项基本能力。新媒介让儿童也拥有了表达的权利，从被动的信息接受者，变为信息的发布者和各种内容的创制者。在表达域下，我们关注表达内容、表达形式，也关注儿童表达的影响力。

（3）抗风险能力

这一维度是用来评价儿童在数字化环境中“趋利避害”的“避害能力”，这个维度我们提出了健康、安全和文明三个领域，这三个领域是目前儿童在线遭遇风险的三个主要领域。我们倡导，儿童健康、安全、文明地使用网络，防止自身受到伤害，健康成长，同时在网上有礼守法不要成为“施暴者”加害他人，成为网络社会的优质公民，参与共同营造健康、安全、文明的互联网环境。

健康域：是指儿童合理有效使用新媒介，使自己身心健康成长的能力。健康域包含了生理健康（即有效地控制媒介使用时间、保证正确的媒介使用姿势等）、心理健康（不网络成瘾、能够辨识和抵御不良信息等）。

安全域：是指儿童在数字化环境中保护自己，不受他人侵害的能力。由于儿童的心智不成熟及社会阅历缺乏，在数字化环境中遭遇风险（如个人信息、财产被盗，生命受到威胁等）的可能性也更高。

文明域：是指儿童在数字化社会中不加害他人，不违反相关道德和法律规范的能力。现阶段由于教育的缺失和相关法规的不健全，儿童在没有正确指导的情况下容易触犯有关法规而不知情。本框架对文明域的强调，是将儿童看作网络行为主体和网络社会构建者所提出的要求。

第二节　构建“官商民”三位一体的儿童网络安全保障体系

一、构建儿童网络安全保障体系的重要性

新一届中央领导班子上任以来，网络安全被提到国家战略的高度。2014年2月，中央网络安全和信息化领导小组宣告成立并在北京召开了第一次会议。中共中央总书记、国家主席、中央军委主席习近平亲自担任组长，李克强、刘云山任副组长。习近平在讲话中指出，网络安全和信息化是事关国家安全和国家发展、事关广大人民群众工作生活的重大战略问题，要从国际国内大势出发，总体布局，统筹各方，创新发展，努力把我国建设成为网络强国。

“没有网络安全就没有国家安全，没有信息化就没有现代化”，2014年4月15日，在中央国家安全委员会第一次会议上，习近平首次提出“总体国家安全观”的概念，将网络安全纳入国家总体安全体系。他指出，保障网络安全有几大思路：（1）首先要有技术保障，创造自己的、过硬的信息技术；（2）其次是法治建设，需要出台完善网络安全的法律法规；（3）需要加快完善互联网管理领导体制，形成从技术到内容、从日常安全到打击犯罪的互联网管理合力；（4）建立多边、民主、透明的国际互联网治理体系，进行国际合作。

儿童的网络安全是国家网络安全的重要组成部分和基础。儿童是互联网积极的使用者，也是安全问题的易发、高发群体，儿童又是国家的未来。因此，只有全面重视和保护儿童网络安全，才能实现国家和社会网络安全的整体目标。保障儿童的网络安全，如同治理雾霾一样，需要政府、企业以及民众三方的协同努力。在今天，网络和数字化媒介已成为儿童生活和成长的基本环境，保障儿童的网络安全，就是要治理儿童成长的环境，这与治理雾霾和环境的思路如出一辙。因此，我们提出要建立“官商民”三位一体的儿童网络安全保障体系。从对儿童网络安全产生影响的最重要的三个主体（国家、企业和社会团体）出发形成合力，为儿童创造一个清朗的网络空间，建立一个有技术保障、法治完善、管治有力、国际合作的安全体系，让儿童在安全、健

康、文明的互联网世界中成长，做中国好网民。

二、儿童网络安全与国家政策

从国家层面，保障儿童网络安全主要从法律政策的制定、产业的引导治理，以及国民教育的发动三个方面实施。

（一）制定保障儿童网络安全的法律法规

保障儿童的网络安全，立法是基础。从世界范围看，网络发展较早的国家以“防止未成年人信息污染、维护未成年人网上安全”为原则，制定了一系列有关信息发布、审查、监管和知识产权保护的法律法规（吴庆，2006）。美国早在20世纪90年代就制定了《儿童在线保护法》《儿童色情内容防止法》《儿童网上隐私保护法》，对儿童为目标客户的网站和有儿童参与的普通网站进行规范，内容包括对网络内容的规范、对以儿童个人信息的保护等。澳大利亚在2015年通过的《加强儿童网络安全法案2014》，强制要求网络巨头和社交网络运营商删除网络欺凌内容。欧盟也在酝酿出台新的数据保护法，专门对青少年上网年龄做出了规定，只有年满16岁的青少年才可以自由上网，低于这个年龄的青少年需要在获得父母同意后才能上网。与我们相邻的日本在2008年也通过了《青少年网络规范法》，明确将三种信息划归“有害信息”范畴，并要求通信商和网络服务商就这些信息设置未成年浏览限制。日本还针对儿童色情犯罪，通过了《杜绝儿童色情综合对策》《儿童卖春、儿童色情行为处罚条例及儿童保护关联法》等条例。

目前在我国，关于网络信息活动的一般性立法有《刑法》《治安管理处罚法》等，还有一些与网络有关的专门规定，主要是有关规范网络信息活动、互联网上网服务营业场所管理以及法律责任方面的法律法规，包括《关于维护互联网安全的决定》（2000）、《互联网信息服务管理办法》（2000）、《互联网上网服务经营场所管理条例》（2002）、《关于网络游戏发展和管理的若干意见》（2005）、《关于推动我国动漫产业发展的若干意见》（2005）、《网络游戏管理暂行办法》（2010）、《关于进一步加强网吧及网络游戏管理工作的通知》（2007）等。此外，2013年开始实施的《未成年人保护法》中，针对未成年人网络保护规定了若干项专门条款。

2014年，我国未成年人网络保护的立法工作取得重大进展，《未成年人网络保护条例》纳入国务院“2014立法计划”，征求意见稿已在2015年发布，其主要针对保护未成年人免受网络违法和不良信息及不法行为侵害、维护未成年人个人信息安全、营造未成年人良好的上网环境等问题，规定了国家、学校、家庭以及一系列行业主体，如网络信息和服务提供者、网络游戏运营企业、新闻媒体、广告商等的义务。2013年10月广州市人大审议通过的《广州市未成年人保护规定》第29条也首次明确在学校责任中指出："学校应当采取措施，增强学生甄别媒介信息的能力，提升学生在网络上自我防范、自我保护的意识和能力，并教育学生不得视听、传播不良信息。" 2015年12月，习近平总书记在第二届世界互联网大会开幕式上明确表示，网络空间不是"法外之地"，要坚持依法治网、依法办网、依法上网，让互联网在法治轨道上健康运行。2016年3月10日，由新闻出版广电总局、工信部联合制定的新版《网络出版服务管理规定》付诸实施，取代2002年颁布的《互联网出版管理暂行规定》，引起了社会广泛关注。新规中特别强调了对未成年人的保护，规定网络出版物不得含有诱发未成年人模仿违反社会公德和违法犯罪行为的内容，不得含有恐怖、残酷等妨害未成年人身心健康的内容，不得含有披露未成年人个人隐私的内容。同时，规定还支持和鼓励专门以未成年人为对象、内容健康的网络出版物。

然而，正如吴用（2015）所指出的，目前我国关于未成年人网络保护的立法散见于不同法律、法规和部门性规章中，缺乏系统性和完整性。同时，现有法律中的法律责任规定得比较抽象，在实践中难以得到有效执行。儿童网络保护立法，一方面是针对儿童这一重点人群，另一方面又涉及到网络立法这一重点领域，具有很强的现实意义。应处理好各类法律主体权利、义务的关系，及引导、预防、惩罚的关系，关注和回应实践中出现的重要现实问题。

（二）引导网络市场的健康运行

除法律规范外，政府还应该通过发挥"看得见的手"，对网络市场进行规范引导，其手段包括实施娱乐内容和游戏软件分级制度，鼓励企业开发互联网内容过滤软件，通过税收杠杆对某些行业进行加税。这些在各国都有很成熟的运作方式可以借鉴。ESRB是娱乐软件分级委员会（Entertainment Software Rating Board）的缩写，由它制定的分级系统是在美国和加拿大应用最为广泛的一种对电脑游戏和其他娱乐软件进行强迫分级的指导制度，到2003年为止，它已经应用于由350多个游戏发行商发行的8000个以上的游戏中。ESRB主要根据游戏的内容对其进行分类，包括eC——幼儿、E——所有人、K-A——儿童到成人、E10+——10岁以上、T——青少年、M—成熟、AO——仅限成人。开发商在发行之前，需要把游戏的争议内容（暴力、情色、歧视或宗教等描述）与实际内容（故事、系统、压力等）搜集并寄给ESRB，后者在进行分级审核作业后，再将审核结果交给开发商。当游戏接近发行时，厂商必须将游戏的最后版本寄给ESRB。如果游戏内容与当初的分级有落差，ESRB有权要求厂商强制回收游戏，并处以高额罚款。此外，税收政策也成为了调整市场的杠杆。如日本只供上网和玩在线游戏的经营场所和有博彩性质的娱乐场所一样，征收的税很高，所以很少会有人经营，这在一定程度上保障了儿童上网的场所安全。

我国网络管理体制由于历史原因，造成“九龙治水”的管理格局。习近平总书记在对中共十八届三中全会《决定》的说明中明确表示：“面对互联网技术和应用飞速发展，现行管理体制存在明显弊端，多头管理、职能交叉、权责不一、效率不高。同时，随着互联网媒体属性越来越强，网上媒体管理和产业管理远远跟不上形势发展变化。”2013年以来，中国政府采取了一系列重大举措加大网络安全和信息化发展的力度。2011年国家互联网信息办公室成立，直接负责互联网信息传播方针政策的落实、推动互联网信息传播法制建设及内容管理，同时还负责监管网络新闻业务、网络游戏、网络试听、网络出版等业务布局规划。2014年，中央网络安全和信息化领导小组成立，国家主席习近平亲自担任组长。该领导小组将着眼于国家安全和长远发展，统筹协调涉及经济、政治、文化、社会及军事等各个领域的网络安全和信息化的重大问题。

此外，国家也可协同各部门开展针对青少年网络安全的专项治理活动，实施青少年网络安全社会治理的有效措施。2015年以来，我国开展了一系列活动以保障儿童网络安全。2015年6月1日，第二届国家网络安全宣传周启动仪式在京举行。本届宣传周沿用首届“共建网络安全，共享网络文明”主题，由中央网信办、中央编办、教育部等十部门共同主办，国家网信办主任鲁炜在启动仪式上，明确提到要大力培育有高度的安全意识、有文明的网络素养、有守法的行为习惯、有必备的防护技能的新一代“中国好网民”。2015年根据《国家网信办2015年网上“扫黄打非”实施方案》，“护苗2015”作为2015年新增的专项行动，将对淫秽色情、暴力、恐怖、残酷、迷信等有害少年儿童身心健康的信息进行全面清理。随着国家层面对儿童网络安全的重视，儿童会更有机会享有一个清朗的网络环境。

（三）推动全民媒介素养教育

正如上一节提到的，国际普遍认为，媒介素养教育是信息时代国民教育的重要组成部分，也是世界发达国家重视儿童网络安全，提升儿童新媒介素养的有效举措。政府通过立法、财政拨款等方式,对媒介素养教育的开展给予大力支持。20 世纪 80 年代后,由于各国政府和联合国教科文组织的介入,学校的媒介素养教育开始形成规模。媒介素养作为一门独立的课程被许多国家和地区纳入正规的课程教育系统当中。英国、加拿大、瑞典等国家,媒介素养被列入学校的正规课程。在美国提出的21世纪学生的核心技能中,媒介与信息技术素养与生活和职业的技能、学习和创新的技能一起,作为三大技能。

从本世纪开始媒介素养教育不仅在发达国家进一步规范、深入,并开始向许多发展中国家扩展,“媒介素养教育”被视为公民教育的基本教育内容,形成了以政府引导为基础、各种非政府的学术组织和社会团体广泛参与、社会化与国际化的教育格局,成为具有信息时代特征的世界性现象。在亚洲,日本文部科学省于2001年在中小学设立的“综合教育”科目中纳入了媒体素养;我国台湾地区在2002年公布了官方的《媒体素养教育政策白皮书》;我国香港地区亦在1997年教育改革时开始推动媒体教育,2005年推行的英语新课程及2007年推行的中文新课程,亦纳入了媒体素养。

我们相信,从提升民族竞争力、国家信息安全、党和国家的执政基础层面,全面关注和实施青少年网络安全和媒介素养教育,将进一步成为各界共识。在这一过程中,借鉴世界各国经验,将网络安全和媒介素养教育纳入国民教育体系,作为“互联网+”时代学校推动核心素养改革的重点和突破口,作为自媒体时代信息技术教育、未成年人思想道德教育和团队教育的重要内容。

三、儿童网络安全与企业自律

目前互联网的基础设施和各种新媒介产品主要都是由科技企业创建和推动的。在科技日新月异,升级迭代速度越来越快的时代,单向的政府监管模式,往往相对滞后。因此,企业的自律和注重社会责任,也是儿童网络安全保障工作的重要环节。在这个方面,国际网络巨头如Google、Apple、Facebook、Twitter等,在推动科技创新的同时,也做了不少有益于儿童安全的工作。

首先在儿童个人隐私的保护上。呼应美国《儿童在线隐私保护法》,Google和YouTube都规定,13岁以下儿童不可创建个人账号,如果儿童以虚假年龄注册成功,而运营商后来经过某种方式知道用户在13岁以下,Google则会停止该账户。Twitter则明确声明其服务对象不包括13岁以下的儿童。如果父母发现孩子未经同意就向Twitter提供个人信息,可以通过邮件联系Twitter。而Facebook在注册页面就要求用户提供出生年月,如果用户未满13岁，Facebook将不通过他们的登记申请。

此外，各大公司还通过开发针对儿童的应用软件，提供符合年龄、具有知识型和趣味性的内容。如Facebook就于2014年推出一款针对13～18岁青少年的应用，帮助他们报告可疑或不恰当的行为。此外，这款应用还能够提供与个人安全相关的帮助、建议和支持。Google Play的家庭专区则专门设有按年龄分级的内容，帮助家长选择适合孩子们的应用程序，也让家长能够限制装置下载的内容。如今Google正在推进开发旗下最受欢迎的几款产品的儿童版本，如Gmail、YouTube、Chrome等，并为父母提供一些工具去追踪孩子们使用Google产品的情况。苹果则在隐私保护措施中就允许13岁以下的儿童拥有独自的苹果ID，家庭成员之间可以共享应用、书籍等。微软也为12岁以下年龄的儿童准备了无广告的Bing搜索，并在校园网络中过滤了成人内容。

同时，由科技公司开发的各种技术手段也被用来屏蔽不适合儿童浏览的内容。Google在2013年斥资200万美元成立儿童保护技术基金（Children Protection Technology Fund），用来鼓励开发更多可杜绝网络上儿童色情内容的工具。Google自2008年起便利用技术来标注儿童虐待的影响，还把这些有加密指纹的影像整合到跨产业的资料库中，让各个企业、执法机构与慈善机构能一同侦测出网络上的相关影像。微软也开发了类似技术，叫作PhotoDNA，该系统可自动检测受到性虐待的儿童照片并将上报相关信息，以阻止这些不雅照片继续传播。而苹果公司在旗下产品中，都设有“家长把关”功能，以让家长时时监控儿童的使用情况。

在我国，作为对青少年影响最大的互联网之一，腾讯公司近年来也在全面加强网络安全方面进行努力，其中不少都针对青少年。第一是打击网络黑产犯罪。仅仅2015年一年，腾讯就协助司法机关破获网络犯罪案件632起，抓获犯罪嫌疑人1320人，涉案金额6867万元。第二是整治处理平台不法信息。2015年，腾讯平台累计清理各类有害信息1.95亿条，通过网民举报、大数据分析等手段，治理不良信息。此外还对利用微信公众平台、朋友圈发布野生动物制品交易、代孕等不良信息和非法行为进行严厉管制。第三是发挥技术对抗能力，识别互联网上的恶意数据，主动拦截恶意电话和诈骗信息，检测不良网站。第四是与其他企业、政府部门合作，发布联合倡议，建立互联网安全联盟。此外，也积极开展宣传教育活动、参与安全论坛，响应号召，维护网络安全。

然而，与飞速发展的网络产业相比，目前我国大部分中国互联网企业的儿童保护意识仍比较薄弱。尽管它们不需要如发达国家的科技公司那样要面临繁琐复杂的法律风险，但这一优势使它们将儿童市场作为蓝海进行以商业利益为主导的开发，而缺乏必要的社会责任意识。在现有的互联网环境下，儿童只要上网就可以随意登入诸多充斥着假新闻、伪科学、暴力色情的网站，侵害了他们的身心成长。因此，在遵守法律和相关政策的前提下，互联网企业要提高行业自律意识，通过开发真正适合儿童的网站、应用产品，创新互联网内容的过滤技术，通过使用条例来保护儿童隐私，提供更多有益儿童成长的网络产品和内容。

四、儿童网络安全与社会团体

相比起国家政策和企业自律，各种社会团体和组织开展深入家庭社区的社会活动是实施全民性儿童网络保护的有效途径。以社区为单位，以家庭为核心，通过专业人士、志愿者和社会各界人士等建立，向民众宣传网络安全知识，提高家长保护儿童使用网络的意识。此外，还可以通过建立社会组织的形式，发挥社会的力量来保障儿童的网络安全。

“国际互联网安全日”是由欧洲非营利机构 INSAFE于2004年发起的活动，活动日定为每年2月的第二个星期二，主要宣传推动世界各地的人们，特别是儿童及青少年安全及负责任地使用互联网。全球有100个国家及地区举办活动支持响应。

#WeProtect Children Online是一个旨在减少儿童线上性侵害和性虐待的全球性非营利组织。它由英国和美国政府联合大型互联网公司成立，共涵盖了全球50多个国家、30个非政府组织和20间大型互联网公司。通过建立WeProtect技术联盟、开展峰会等形式，利用跨界合作的方式，广泛采用技术等手段来截断不雅照片和检测居心叵测的儿童聊天者。英国儿童虐待和线上保护委员会（CEOP）则通过法律手段，将那些儿童性侵犯者，如生产、传播和观看儿童性虐材料等犯罪者送上英国法庭。同时还培训、教育儿童保护和法律执行上的专业志愿者，接受举报，保护目标儿童不受伤害。此外，CEOP还为政府官员、社工、社会团体和其他组织以及老师提供培训和教学资源，并出版读物、开设专门网站引起社会公众的关注。在比利时，为更好地开展针对儿童性犯罪的斗争，1998年成立了名为“聚焦儿童”的民间组织，来帮助寻找失踪儿童，为被困儿童提供人道援助，还协助政府打击儿童色情犯罪。英国政府则资助成立了名为“国家儿童健康”的慈善机构，倡导网络安全和平等使用信息技术产品。

除了像上述针对儿童色情网络犯罪的社会组织，还有一些综合性的社会组织致力于为儿童创造一个更安全的网络环境。如由欧盟赞助的欧洲儿童线上安全联盟（European NGO Alliance for Child Safety Online），它旨在为儿童权利保护机构创造一个坚实的、可持续的合作基础，并为它们提供关于儿童线上保护的专业知识和路径，同时还协助这些非政府组织将活动进行推广，进行国家、欧洲和国际层面的讨论。美国的常识媒体（Common Sense Media）则通过为家长、老师和政策制定者提供可靠信息、建议以及工具来帮助儿童提高在互联网世界中趋利避害的能力。他们不仅为家长提供了可靠的数据库，对电影、游戏、应用程序、电视节目、网站书籍进行评分和教育建议，也帮助家长解决育儿过程中的各种问题。常识媒体还为家长和老师提供教学工具来引导学生利用技术学习和生活，并开发数字公民课程来教授学生在数字世界中做出正确的决定，同时也有为老师提供的评分系统，帮助老师发现、使用和分享高质量的电子产品来激励学生学习。此外，常识媒体还致力于推动关于儿童线上保护的政策制定。

在我国的社会团体中，群团组织是中国国情下和国家体制中的枢纽力量。群团组织，是“群众性团体组织”的简称，是当代中国社会团体的一种，如共青团、少先队、妇联等都属于群团组织。在我国，群团组织是推动青少年网络安全的重要力量。早在2004年，团中央、全国学联、全国少工委等就在全国联合开展“青少年网络文明行动”，号召青少年遵守文明公约、拒绝不良诱惑、安全健康上网、自觉远离网吧。后来这一活动成为了团中央的常规活动。少先队近年来也明确提出了要加强网络安全教育，做中国好网民。全国少工委也提出，少先队也要开展媒介素养教育，帮助少年儿童科学知网、安全上网、文明用网，引导少年儿童从小争当“中国好网民”。此外，我国的青少年宫也是儿童网络安全教育的重要社会推动力量。中国青少年宫协会儿童媒介素养教育研究中心于2014年3月在广州市少年宫成立，致力立足全国青少年宫系统，面向学校和家庭，开展儿童网络安全和媒介素养教育方面的研究和推广。并在2015年开始立足青少年宫，而向学校、家庭和社区，开展全国青少年宫系统儿童网络安全和媒介素养教育主题活动。

事实上，儿童的网络安全可以包括在儿童安全的范畴之下，以共青团、少先队、妇联等组织为依托，成立儿童网络安全的社会组织，开展宣传教育活动，并督促企业进行行业自律，结合学校、家长等多方力量，为儿童的网络安全问题编织一张覆盖家庭、学校和社区的保护网。

第三节　建立以家庭教育为核心的全民网络安全和媒介素养教育体系

一、家庭教育在儿童网络安全教育中的核心作用

经过多年的研究实践，我们认为家庭教育对儿童网络安全的重要作用体现在三个方面：现代家庭是儿童接触新媒介的重要场所；家长对儿童新媒介使用行为产生重要影响；家庭聚合力因新媒体冲击下降，加剧儿童在线风险。

一是现代家庭是儿童接触手机、电脑、平板电脑等新媒介的主要场所，也是产生网络安全问题的重要场域。

由于我国中小学一般禁止学生带手机进入学校，孩子在学校内接触电脑、平板电脑以及上网，也主要以完成特定的学习任务为目的，而且大部分是在老师的指导下。传统的网吧因为网络技术的普及和发展正在城市中心区逐步消失。现在无线网络和平板电脑的普及，使得每个人手中都有一个小网吧。因此目前在我国，家庭成为儿童相对自由、独立使用新媒介的主要场所。家庭的新媒介使用构成了儿童数字生活的主体。因此，我们更应该关注这一场域，关注在家庭环境下，形成儿童、家长、媒介三者之间的良性互动，为儿童健康成长撑开坚实的保护伞。

二是父母是孩子的第一任老师和安全的主要监护人。家长的教养方式、媒介行为和与儿童的亲子关系会对儿童的网络安全产生显著影响。

蔡元培曾提到："家庭者，人生最初之学校也。"父母是孩子在人生中的第一位老师。孩子从出生开始就接受家庭成员的影响和教育。孩子早期行为的形成、思维习惯的养成以及对社会的认识，都是在家庭内部培养起来的。对于媒介使用习惯，也是同样的。我们的调研已显示，家长良好的媒介使用习惯、较高的网络安全意识、良好的亲子关系、科学的教养方式和必要的保护措施，都会对儿童的媒介行为习惯和素养产生显著影响。然而，我们的调查也同时显示，目前作为第一监护人的家长，不仅自身的网络安全意识不强，对孩子的教育意识也较为缺乏。这使得当代家庭网络安全教育

问题尤为突出。因此，提高儿童的网络安全意识，应从家长入手，如果家长可以及早实施相关的网络安全和媒介素养教育，就可以消除隐患，防患未然。因此，家庭是全社会网络安全的第一道防线。同时，儿童在线风险事关儿童的基本生存和发展状况，健康的新媒介使用习惯也是儿童从小要培养的基本生活习惯，媒介素养教育理应成为新媒介时代家庭教育的基本内容。

在本次调研中，我们依据抗风险能力的概念，抽取了家长的安全、健康、文明的几项指标，分别作为儿童和家长的抗风险能力指标。此外，将“您是否陪孩子玩过电子游戏？”“您是否与孩子在社交媒体上相互关注？”“您了解儿童上网干什么吗？”“您在给孩子使用数字媒介时是否进行约定？”等问题分别作为媒介陪伴、媒介了解、媒介关系、家庭教养方式的对应指标？。通过相关性分析，我们发现假设得到验证，除亲子关系中的媒介陪伴外，其他几项指标都与儿童的抗风险能力显著相关，其中家长与儿童的线上关系水平与儿童的抗风险能力相关度最大，其次则是家长的抗风险能力。这说明了亲子关系水平、家庭教养方式和家长示范都对儿童抗风险能力产生显著影响。

表11　家庭教育与儿童在线风险的相关性分析

		儿童的抗风险能力
家庭亲子关系水平	陪伴	–0.004
	了解	0.079**
	关系	0.156**
家庭教养方式	是否是约定型的教养方式	0.050**
家长的抗风险能力		0.146**

注：（1）表内数字为相关系数；（2）*表示在0.05水平（双侧）上显著相关，**表示在0.01水平（双侧）上显著相关。

同时，我们在新媒介素养框架下，将儿童的在线行为和安全、健康、文明的相关指标汇总后平均，区分出新媒介素养高和新媒介素养低的儿童。将他们进行独立样本T检验分析后发现，儿童的新媒介素养水平与家庭教育显著相关。其中家庭媒介关系紧密、采用约定型的教养方式以及抗风险能力高的家长培养出来的孩子新媒介素养水平相对较高。因此，家庭教育在提高儿童新媒介素养上具有重大作用。

表12 儿童新媒介素养的显著性检验

		T检验（显著性）	高水平儿童（均值）	低水平儿童（均值）
家庭亲子关系水平	陪伴	0.360	0.51	0.45
	了解	0.366	0.75	0.79
	关系	0.000**	0.75	0.42
家庭教养方式	专制型	–0.063	0.45	0.51
	约定型	0.009**	0.34	0.33
	放任型	0.061	0.15	0.09

注：**表示T检验的显著性水平为0.05。

三是家庭作为社会的基本单元，其传统的聚合功能在新媒介冲击下正在减弱。家长的影响力正在下降，加剧儿童在线风险，家庭媒介素养教育急待加强。

随着电子媒介全面进入家庭，以及目前城市父母工作时间、生活压力等原因，本研究发现，传统家庭中原有的父母影响力正在削弱。在对孩子影响的因素中，网络正在迅速上升。在前面的儿童数字化成长研究中，可以明显地看到这样一个趋势，电子媒介的普及，家庭中的多屏化、多终端，也正在不断分离家庭的面对面的“聚合”功能，家庭生活关系也因电子媒介设备这个“第三者”的频繁出现而疏离。坐在一起各自玩手机，面对面却是“比生与死更远的距离”。家长和孩子在家庭中使用和依赖电子设备的时间都在加长，全家一起在客厅中围坐看电视、周末与孩子外出亲子活动等具有亲情聚合功能的活动都因电子设备的频繁使用而被“碎片化”。因此，家庭中如何重建亲密的亲子关系，如何增加和重建家庭的聚合和保护功能，是新媒介时代家庭教育的重要任务。

因此，本研究认为，建立全民网络安全教育体系，要以家庭教育为核心，并在儿童数字化成长规律和新媒介素养框架的基础上，提出针对性的教育措施。

二、家庭网络安全和媒介素养教育的目标、方法和路径

（一）家庭网络安全和媒介素养教育的目标

在2012年，课题组曾对广州市55名小学生做过一次访谈。经过对儿童新媒介使用行为的研究，我们区分出了在新媒介使用的程度上有着显著差异的四类媒介使用者：初识者、普通使用者、小网虫和小行家。我们发现，这四种类型可以很好地与这次

研究中提出的新媒介素养框架结合起来。将“自我发展能力”和“抗风险能力”作为横竖象限，划分出“自我发展能力”和“抗风险能力”都低的初识者、“自我发展能力”低和“抗风险能力”高的普通使用者、“自我发展能力”和“抗风险能力”都高的小行家、“自我发展能力”高和“抗风险能力”低的小网虫。（见图43）

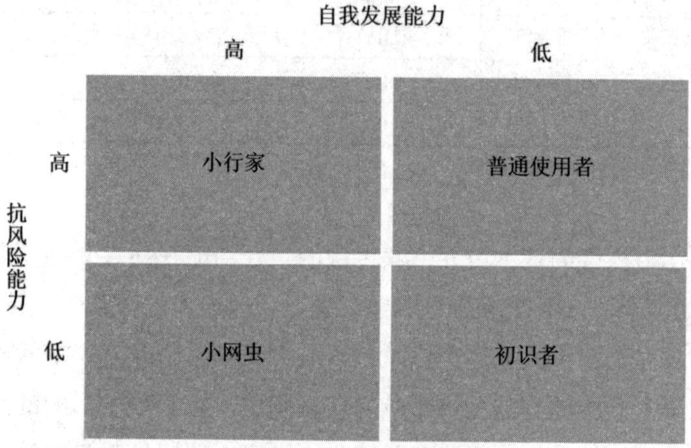

图43　儿童数字化生存的四种类型

1. 初识者

初识者大多是8岁以下的低龄儿童，他们很少或比较少使用电脑、网络、手机等。媒介使用的主要目的是娱乐，处于儿童数字化成长三级跳中的第一级。他们也会和朋友进行交流，但是因为打字水平有限，使用频率不高。除此之外，也有孩子在老师、家长引导下通过电脑或平板电脑使用学习软件、上学习网站进行学习等。从新媒介素养的横竖象限来看，他们的自我发展能力及抗风险能力都比较低，是网络世界的初识者。

2. 普通使用者

普通使用者一般是小学三四年级的学生，也包括五六年级的部分学生，他们处于数字化成长三级跳中的第二级。与初识者相比，他们已经能够较为熟练地掌握一般的电脑基础知识并进行实际操作。在这一阶段，娱乐行为的比重逐渐降低，交流、学习等行为的比重逐渐增大，媒介活动能力有所提升；但另一方面，虽然他们对新媒介充满好奇，但由于对网络了解还不够深入，自控能力也逐渐提升，因此具有一定的抗风险能力。

3. 小网虫

小网虫多数是五六年级的学生，处于数字化成长三级跳中的第三级。他们使用新媒介的时间过长，在家长不约束的情况下，假期或周末从早到晚都在电脑前。在新媒介使用行为上，小网虫主要通过新媒介进行娱乐和交流，对电脑的依赖性很强，有许多都出现网络游戏成瘾的现象。相比起普通使用者和初识者，他们有着很强的媒介使用能力和学习能力，能够很好地利用媒介探索交流，然而由于对媒介的过度使用，自控能力差，抗风险能力是比较低的。

4. 小行家

小行家与小网虫一样，多集中在小学五六年级，处于数字化成长三级跳中的第三级。他们已经有了较长的“网龄”，接触网络的时间比较多，熟悉新媒介的各种操作，能够很好地利用网络促进自己的身心发展。与小网虫相比，他们最大的区别在于媒介使用上的差别，他们虽然也喜欢通过网络进行娱乐，但是会花更多的时间在学习、交往与表达上，能够积极地接触新鲜事物为自己所用。同时，他们自控能力强，有着很高的安全意识，是自我发展能力和抗风险能力都高的小能手。

依据本研究提出的新媒介素养框架，我们主张新媒介素养教育的目标是培养自我发展能力和抗风险能力都高的小行家，而避免孩子们发展为网络成瘾且身心受到伤害的小网虫。通过网络安全和媒介素养教育，孩子们不仅能够充分地利用网络来发展自我，参与社会，也有着很高的网络安全素养，规避线上风险。总而言之，通过媒介素养教育使儿童能够在使用新媒介时趋利避害，成为有高度的安全意识、有文明的网络素养、有守法的行为习惯、有必备的防护技能的新一代“中国好网民”。

（二）家庭网络安全和媒介素养教育的主要内容

基于我们的课题研究和长期在广州市少年宫进行媒介素养教育的实践，我们将家庭中的网络安全和媒介素养教育的主要内容归纳总结为“五步法”，简介如下（详细内容可参见由张海波著的《家庭媒介素养教育》一书）：

一是把握一个原则：趋利避害。

在新媒介成为当代儿童基本生活工具和生活环境的时代背景下，家长应对新媒介对儿童的影响有一个全面科学的认识。工具无害，趋利避害。一方面我们要善用新媒介发展孩子，另一方面要避免其不良影响，让孩子安全、健康、文明地使用新媒介。

依据我们的儿童新媒介素养评估框架，我们认为当代家长应树立权利与能力并重、发展与安全并举的家庭媒介教育理念。在尊重儿童媒介接触使用和参与权利的基础上，全面发展儿童抗风险的技能，在发展儿童各项数字化技能的同时，保护儿童身心安全。

二是区分把握好两个阶段：8岁前与8岁后。

根据我们全国“儿童和媒介”课题研究成果，结合儿童发展心理学和教育关键期理论，通过分年龄段儿童的新媒介接触、使用行为和素养状况的对比分析观察，我们发现了儿童数字化成长在小学中年级，也就是小学的三四年级，出现了一个相对重要的关键期。在这个时期，儿童在媒介接触使用行为方面从之前的以娱乐为主，向娱乐、学习、交往、表达等全方面发展，也就是说他们此时涉足的“屏幕领地”已经与他们的父母无异，完成了从“小玩家”向“小用户”的转变。同时，这也为他们在13～14岁，在关键新媒介技能上“反超”他们的父母打下了全面的基础。根据教育心理学的研究，小学中年级也是孩子在小学阶段，乃至整个少年儿童时期的关键期。三年级孩子的一般年龄在9～10岁，在小学教育中正处在从低年级向高年级的过渡期，是培养学习能力、意志品质和学习习惯的最佳时期，也是良好学习习惯定型和培养的最后关键期。这个时期，孩子们的生理和心理都会有明显的变化，开始从被动学习向主动学习转变，虽然开始有了一些自己的想法，但是他们辨别是非的能力还极其有限；社会交往经验缺乏，经常会遇到很多自己难以解决的问题。这也是一个充满风险的时期，如果经过正确引导，孩子们就可以安然度过这个不安的时期，使综合能力得到迅速提高，在成长的道路上将会实现一次具有人生意义的转折和跨越。因此，我们以三年级作为一个分水岭，并从预防为先的角度出发，将8岁左右定为一个关键年龄。以此年龄将家庭媒介素养教育对象也分为两个阶段，8岁之前是一个阶段，8岁之后是一个阶段，采取不同的教育方法和策略。在小学中年级前的把握得住的黄金时期，我们倡导能与孩子建立规则，培养合理健康的媒介使用习惯。在小学中年级之后的阶段，用沟通取代权威，让孩子开始承担责任，朝着独立自主的方向，培养他们自主生活、选择和判断的能力。

三是关注三大问题：安全问题、成瘾问题、关系问题。

在家庭媒介素养教育中，家长在日常生活中要重点关注三大问题：安全问题、成瘾问题和关系问题。关注了这三个问题，就可以较为有效地避免目前常见的儿童网络风险与伤害。安全问题，就是关注孩子可能在屏幕生活和网络世界中遭遇的风险和可能的伤害；成瘾问题，就是关注孩子无节制使用电子设备对身心造成的伤害，对学习生活造成的不利影响；关系问题，就是关注亲子关系和媒介关系，避免自身的媒介使用行为对孩子可能造成的不良影响，避免因媒介使用给亲子关系带来的不利影响，尽量让亲子关系大于媒介关系，通过亲子关系来调整孩子的不良媒介使用行为，及时引导孩子在网上趋利避害。

四是培养四种能力：自控力、专注力、交往力和判断力。

在家庭媒介素养教育中，在赋权的同时要赋能，也就是说在尊重儿童基本媒介权利的基础上，要培养儿童适应新媒介时代发展要求的新能力。以前让孩子学习最重要的目的，就是要获取更多的知识。但是当人类进入信息时代、知识社会后，信息爆炸，新知识层出不穷，而且不断更新，于是人们发现，信息、知识会更新、会过时，但能力却可以伴随孩子，使其受益终生。因此，近年来世界各国都非常重视"核心素养"的教育改革，通过各种实践探索，将以个人发展和终身学习为主体的核心素养教育模式，取代传统的以学科知识为核心的教学模式。本世纪初，世界经济合作与发展组织（OECD）率先提出了"核心素养"的结构模型。它要解决的问题是，21世纪培养的学生应该具备哪些最核心的知识、能力和情感态度，才能成功地融入未来社会，才能在满足个人自我实现的同时推动社会的发展。2015年3月，我国《教育部关于全面深化课程改革落实立德树人根本任务的意见》中也正式提出了将核心素养作为教改的新方向。

新媒介时代的家庭教育也应该重视"核心素养"的培养，将家庭教育的重点从日常生活习惯培养和学业课外辅导提升到培养孩子应该具备的适应终身发展和社会需要的必备品格和关键能力上来。新媒介时代，孩子应该具备哪些核心能力呢？在"儿童和媒介"的课题研究中，我们倡导家长们在日常家庭生活中，培养奠定孩子一生发展的四种核心能力。这四种能力是什么？在这里用司机驾驶汽车来做比喻。

今天的苹果世代一出生就站在由移动互联网辅助的信息高速公路上，每个孩子都配备了一台由智能手机和平板电脑制造的"自媒体"跑车。可是，孩子能成为一名合格的数字时代驾驶员吗？他们应该具备哪些基本技能，才能拿到数字时代的通行证呢？我们提出四种基本能力：自控力、专注力、交往力和判断力。这四种能力是直面当今社会现象提出的。首先是人们越来越依赖媒介，无法掌控自己的生活节律，自控力下降；其次是在这个超链接、多任务处理的网络世界里，人们越来越容易"分心"，专注力不足，很难专注地做一件事；再次，人们越来越懒得和人打交道，只想宅在家里，动动指尖，对屏幕发号施令，社会交往能力弱化；最后，信息爆炸带来的价值多元，潮流文化，良莠不齐，人们保持独立思考，辨别信息，控制自己的情绪、欲望和行动，这突出了判断力的重要性。对一个人来说，专注力和自控力是对内的，是要完善一个人自我的情绪管理，身心协调，意志品质的培养；交往力和判断力是对外的，是对人对事，对社会对信息的有效连接与互动。这四种能力相互关联，协调统一，构成一个完善人格基础之上“社会人”。在家庭教育中从小培养孩子这四种核心能力，既可以有效应对新媒介对儿童身心造成的不利影响，又可以为儿童一生的全面发展奠基。

五是我们平时在家里要善用新媒介的五种功能，使之成为孩子学习的好帮手、生活的好助手、益智的好玩具、沟通的新渠道、表达自我和参与社会的好方式。

让媒介成为教育孩子的新工具。中国有句老话：“自古英雄出少年。”随着时代的发展，越来越多的青少年创造了让大人们也惊叹的科技产品。第三次工业革命已经到来，第二次机器革命也来临。中国制造时代正在进入中国创造时代。大众创业、万众创新，知识2.0社会需要更多善用新媒介、新科技的人才，我们的家庭新媒介教育，正在为中国创造培养小创客。

（三）家庭网络安全和媒介素养教育的实施路径

家庭教育是世界许多国家和地区推动儿童媒介素养教育的重要途径。我们通过研究发现，国际上政府和各种社会组织开展家庭媒介教育的方式有以下几种路径：

首先最常见的是通过博客、网站、杂志、书籍等形式为家长提供育儿建议，提供教育指南。如美国的常识媒体就为家长提供了适合不同年龄段儿童的各类电影、电视、应用程序、书籍等。在他们的数据库中，有超过25000篇评论详细介绍了不同媒介产品适宜的年龄、学习评分、类型等内容，方便家长做选择。同时，他们邀请专栏作家开设博客，针对家长最关心的内容进行回答。如荧幕时间要如何陪伴孩子，如何帮助孩子面对网络欺凌，如果教孩子保护个人隐私，如何引导孩子正确地使用社交媒体，如何引导孩子批判地看待媒介中暴力、色情、性偏见等内容。总部在伦敦的家长空间组织（Parent Zone： Making the internet work for families）还出版了《数字家庭教育杂志》（*Digital Parenting Magazine*）。它与学校合作，将杂志寄往学校供家长免费阅读，同时还有电子版可以下载。

其次是开展家长培训项目。香港广播管理局自 1999 年便开始进行有关“媒介识读”的推广工作, 主要目的在于培养“家长和学生观看电视节目时的判断力”, 以及“请家长参考电视台提供的节目资料为子女选择合适的电视节目”。香港明光社的传媒教育干事还为家长提供专门的辅导, 帮助其学习在家指导子女明智地使用网络。日本则规定, 家长作为监护人, 必须懂得如何使用过滤软件过滤儿童不宜的内容, 并和孩子保持良好的沟通。美国联邦调查局、教育部等有关部门也发布指引, 敦促家长关注孩子的网上安全问题并指导家长取证、报警。英国的“家长空间”便定期开展线上培训以及面对面培训。值得注意的是，它的对象不仅局限于家长，更涵盖了需要同家长打交道的老师、社工和政府官员。通过对培训师的培训，他们能够辐射更广泛的家庭，引导家长使用线下的教育技巧并引导儿童安全上网。美国的家庭教育中心（The center for Parenting Education）还开设了收费的家庭教育课程，配套全程指导和信息支持，指导家长如何培养青春期孩子。为了更好地让家长理解，他们会开发一系列平易近人的动画视频，在网站和其他平台上公布。

除这两种主流路径外，一些组织还与不同的科技公司合作，开发APP并配合一系列亲子动画，提醒家长针对不同年龄段的儿童，需要进行不同的教育。同时通过建立家长社区提供交流平台，提供相关技术和资源包来帮助家长筛选网络内容，屏蔽不良信息。

在我国，应该如何以家庭教育为核心实施全民网络安全和媒介素养教育？结合近年来课题组团队在广州市少年宫和中国青少年宫协会儿童媒介素养教育研究中心的相关实践，本研究总结出了适合我国国情的一些路径和方法。

从2006年开始，课题组便带领少儿杂志社编辑、记者以及少年宫老师，在广州市少年宫开展了小记者媒介素养教育课题研究、体验活动和课程，传播网络安全和媒介素养相关知识。经过10年努力，媒介素养教育从不为人知，到渐渐被家长、社会所认可，成为了少年宫内广受家长和学员们欢迎的热门课程。之后，课题组又申报了市、省和全国的相关媒介素养课题，在广州的13所小学里开始了校园媒介素养教育的融入性课程开发和探索。（在学校中推动媒介素养教育的相关实践请参见张海波、何薇主编《学校中的媒介素养教育》一书。）通过课题实践，让媒介素养教育从少年宫走进学校，通过研发一系列教材（见《媒介素养》（小学读本）（亲子读本）（教师用书）、《小学生网络安全教育》、《媒介安全教育》等书，南方日报社出版社），让媒介素养从校外走进校园。2014年，课题组编写的媒介素养教材被确定为广东省的地方课程试验教材。课题组在长期进行媒介素养教育的过程中发现，相比起针对孩子的教育，家长的教育更加迫切，而通过家庭教育提高儿童的媒介素养教育水平，更为有效和直接。因此从2012年开始，课题组便先后在广州、广东和全国主要城市开展“儿童与媒介”的研究，关注在家庭环境下，儿童、家长和新媒介之间不断演变的关系和教育策略。同时，不断梳理国内外有关家庭媒介教育的方法资料，在少年宫、学校和社区开展系列媒介素养家庭讲座、工作坊、亲子沙龙和相关课程。在不断的实践探索中，关注儿童数字化成长的关键期、敏感期，摸索家庭媒介素养教育的重点、难点，提出相对系统完整的家庭媒介素养教育策略。

课题组在长期的媒介素养教育实践的过程中，总结出一套以家庭教育为核心的媒介素养教育模式，取得了很好的效果。具体而言有以下几种途径：

1. 在青少年宫、活动中心等校外教育阵地和少先队组织开展家庭网络安全教育活动。立足全国少年宫系统，开展家庭网络安全教育公益讲座、工作坊、亲子沙龙等；在全国青少年宫系统开展网络安全教育亲子活动；在少先队活动课中融合亲子教育内容。

2. 在学校利用家委会、家长学校开展活动。在广州各学校家委会、家长学校开展活动，并深入各学校开展讲座，利用家委会、家长开放日，进行家庭网络安全教育讲座和亲子课。在学校的假前安全教育中，进行网络安全的专题教育。

3. 出版家庭相关教材读本，利用各种媒体广泛传播家庭网络安全教育和媒介素养的理念和方法，出版适合我国国情和适合家长操作的家庭网络安全教育读本。利用微信公众号、网站、微博等平台，定期发布“儿童和媒介”调研方案及成果，引起社会各界对媒介素养教育的广泛关注；同电视台、报社、网站等媒体合作开设相关专栏，宣传家庭网络安全教育。

总而言之，人类社会正整体向网络社会、数字时代迁移，在人类迈向“共喻时代”和“后喻时代”的今天，儿童网络安全和媒介素养教育不只是“对”儿童的教育，更是大人“和”儿童一起接受的教育。在这个时代，儿童网络安全和媒介素养教育事关千家万户的幸福，事关国家的梦想和时代的进步。以家庭教育为核心，全面推动网络安全和媒介素养教育成为国民教育的重要组成部分，成为国家网络安全战略的重要组成部分。儿童在数字化成长中及时预防化解风险，提升能力，全面发展，顺利成长，孩子和大人“小手拉大手”共努力，国家、企业和全社会齐联合，让互联网世界更加安全、健康和文明。

第五章
附录

附录1：“儿童与媒介”课题团队的10年研究和实践历程（2006—2016）

“儿童与媒介”课题团队从2006年就致力于儿童媒介素养教育的研究和实践工作，到2016年，已有十年的历史。在这十年内，由广州市少年宫副主任张海波带领的课题团队，以广州为基地，立足少年宫，面向学校、家庭和社会，开展了一系列辐射全国的青少年媒介素养课题研究、课程实践与师资培训和家庭教育推广活动，引起了广泛的反响。

一、课题研究活动

2006年，张海波立项申报了广州大学“青少年成长教育研究基金”首批研究课题“广州市未成年人媒介素养教育行动研究”。这是课题团队申请的首个课题研究，课题成果以论文形式出版。

2011年，时任广州市少年宫副主任、广州市少先队员总辅导员的张海波组建了课题组，申请立项了广东省社会科学院青少年成长教育研究中心重点课题：“青少年媒介素养教育研究”。在前期广州青年报社和广州市少年宫开展媒介素养研究和课程实践的基础上，将科研成果推广到广州市12个区的13所小学，将其作为子课题学校，按照课题组的计划安排，结合学校的少先队活动课、综合社会实践活动、学校小社团、思想品德和信息技术课等，开展了丰富多彩的课题研究和教育实践，取得了丰硕成果。13个子课题分两批分别在2015年1月14日和6月11日，完成了研究，向课题组进行了汇报和总结，并着手课题研究成果编撰，形成了媒介素养教育案例集《学校中的媒介素养教育——广州市小学媒介素养教育的探索和实践》。

2013—2015年，课题团队完成了中国少先队工学会“十二五”课题“少先队媒介素养教育活动与课程设计”。

2014年9月，课题团队申请中国教育学会“十二五”课题“儿童与媒介——中国城市儿童媒介素养状况及其媒介素养教育研究”，与中国青少年宫协会儿童媒介素养教育研究中心等联合发动组织全国18个城市青少年宫（活动中心），完成了全国儿童媒介素养状况专项调研和课程报告，于2015年12月顺利结题。

二、 课程实践与师资培训

2008年，借鉴香港、台湾地区儿童媒介素养教育课程，结合前期小记者媒介素养活动和实验课程，课题团队在广州市少年宫正式开设“小记者媒介素养教育课程”，招收学员。在寒暑假开展小记者媒介素养交流集训营。至今，参加少年宫小记者媒介素养教育课程和活动的学员已超过1万人次。

2009—2011年，课题组负责人张海波时任亚组委志愿者部部长助理、宣传策划与研究办主任，利用亚运志愿者活动的有利契机，在广州乃至广东全省开展亚运小记者和亚运志愿者通讯社活动，组织大中小学生开展自媒体创建，创办了《亚运志愿者报》《亚运小记者专刊》，对小记者媒介素养活动进行了大范围推广。

2013年下半年至2014年，为了提高广州市各学校的媒介素养课程水平，课题组组织少年宫儿童媒介素养教育中心老师送课到学校，为学校开展“媒介素养教育系列课堂”示范课，总共开展了近百堂媒介校际课堂，并给学生派发了《媒介素养教育学生用书（动漫书）》及《媒介安全教育读本》。2014年4月10日，课题组在广州市华阳小学召开了全市媒介素养课例展示交流会。各子课题学校观摩了华阳小学的媒介素养示范课，并进行了教学研讨和经验交流。2014年10月，《媒介素养》经过广东省中小学教材审定委员会初审，被确定为广东省地方课程试验教材，成为我国第一套列入地方课程试验教材的媒介素养课程。

2013年10月28日，课题组组织开展“广州市首届少先队辅导员媒介素养教育研修班”，近百所学校的辅导员参加本次培训。2014年12月25日，“广州市中小学教师媒介素养综合能力提升高研培训班”在广州市广播电视大学举行。张海波为来自广州市中小学第一批媒介素养教育试点学校及广州市教育局属学校的80多名媒介素养教育工作的负责人进行了专题培训。2015年6月25日，张海波应邀在广州市第一中学为荔湾区教育系统做“儿童媒介素养教育理念、方法、实施”专题讲座。区局属各单位副校级以上干部、德育干部和宣传干部参加了主会场讲座，各单位班主任代表通过视频会议系统同步观看学习。2015年12月，张海波在广州市广播电视大学录制教师媒介素养培训课程。

2011—2014年期间，张海波应各地青少年宫邀请，在天津、厦门、兰州、成都、武汉、南宁、昆明、重庆、贵州等地进行媒介素养专题介绍。应《辅志员》杂志、中国少先队事业发展中心及广东省、成都市、昆明市、少工委等地少先队组织邀请，在东莞、成都、昆明、井冈山等地进行《辅导员的互联网思维和少先队媒介素养教育》专题讲座。

三、家庭教育推广活动

2012—2014年期间，课题组在广州市一系列子课题学校进行了家长讲座。同时在广州市第二少年宫以“做数字时代榜样父母”和“培养数字时代儿童核心竞争力”为主题，连续做了十场家庭媒介素养专题讲座。3000多位家长听讲，受到广泛好评。

2013年3月，开设“阿波媒介素养”微信号，利用新媒介手段面向广大家长广泛宣传新媒介时代的教育理念和方法。“阿波媒介素养”首倡家庭教育的“互联网+”，还原家庭教育现场，同时借鉴国际先进经验，培养数字时代的儿童核心竞争力，让家庭教育适应互联网时代的趋势，广受家长好评，成为国内家庭教育有影响力的自媒体公众号。

2014年，课题组负责人张海波在广州市家长学校第四期做《绿色网络　助飞梦想——儿童媒介素养教育》，又在全国各地少年宫开展“我们约定吧”“做中国好网民”的系列媒介素养教育亲子工作坊。

四、国内外交流合作

课题组在研究的同时，积极参加国内外的学术交流活动，推广研究成果。

2012年，课题组组长张海波参加兰州举办的“第三届媒介素养教育国际学术研讨会”，提交《培养微博时代的小公民——广州少年儿童媒介素养教育的调研与实践》论文并做专题发言。

2014年5月8日，由国家新闻出版广电总局电影局和教育部基础教育一司作为指导单位，由国际儿童与青少年电影中心、中国儿童少年电影学会等单位承办的“国际儿童电影发展论坛”在北京中国电影博物馆开幕。来自中国、美国、印度等30多个国家的知名儿童电影导演、制片人和媒介素养教育专家出席了本次论坛。张海波作为中国内地儿童媒介素养教育界的唯一代表受邀出席了本次论坛并做主题发言，引起参会的国际专家关注和好评。

2014年5月11日，杭州举办的“第五届西湖国际媒介素养教育高峰论坛”上，张海波应邀做了《研究与行动——“苹果世代”的媒介素养教育研究与实践》专题报告。张海波还在会上当选为中国广播电视协会媒介素养教育基地学术指导委员会副秘书长。

2014年9月27日，张海波在清华大学“2014联合国科教文组织—联合国文明联盟全球媒介信息素养与跨文化对话大会”上做演讲，向世界各国同行介绍“苹果世代”的媒介素养教育。张海波还被授予联合国教科文组织—联合国文明联盟媒介、信息素养与跨文化对话教席网络成员身份。

2015年7月2日，课题组老师带领广州市少年宫媒介素养课程学员代表参加了在澳门科技大学召开的亚太区互联网管治论坛。张海波和少年宫学员代表分别做了关于中国内地儿童媒介素养状况研究和实践的专题报告以及儿童媒介素养学习体会和建议。

2015年11月5—6日，课题组参加香港浸会大学举办的中国第四届媒介素养国际研讨会，并在会上做《中国儿童的数字化成长报告及儿童媒介素养教育实践》报告。

课题组的研究成果也吸引了国内外专家的目光。芬兰著名的儿童媒介教育专家MAIKKI KANTOLA女士，国家教育部基础教育一司校外处长张东燕，香港浸会大学新闻系主任、香港传媒教育学会副会长李月莲老师，联合国教科文组织信息与项目官Andrea Caiola，浙江传媒学院王天德研究员，北京青年政治学院“青少年与媒介”团队等的领导、专家陆续到广州市少年宫儿童媒介素养教育中心指导、参观和交流。

附录2：2014年中国城市儿童媒介素养调研报告基本数据

一、儿童媒介使用及在线风险情况

（一）新媒介接触情况

1. 家庭媒介拥有情况

电视、电脑、手机已成为00后家庭中的“标配”，90%以上的00后家庭都拥有以上三种媒介，此外，平板电脑的拥有率超过70%。（见附表1）

附表1 家庭媒介拥有情况（多选题）

年级	电视机	电脑	手机	平板电脑	游戏机
幼儿园	94.1%	95.1%	95.1%	84.2%	33.4%
小学低年级	95.6%	95.7%	96.8%	77.9%	24.7%
小学中年级	97.2%	96.6%	97.7%	76.4%	26.0%
小学高年级	96.3%	96.0%	97.1%	72.8%	25.9%
初中	94.4%	92.3%	96.1%	67.4%	28.8%
总计	95.7%	95.2%	96.7%	75.2%	27.2%

2. 媒介接触情况

（1）随着年龄的增长，传统媒介的吸引力逐渐下降，其接触率都在小学中低年级阶段缓慢上升后，呈现下降趋势。

（2）从附表3中可以看出，小学中高年级看课外书最多，每月5本以上的人数平均都超过了38%。而到了初中则迅速下降，看书的数量与幼儿园阶段接近（18.4%）。

（3）幼儿园00后看电视时间在30分钟以上的比率最高，而这一比率随着年龄的增长逐渐下降，到了初中，已有24.5%的00后声称自己不看电视。（见附表4）

附表2　每月看电影的次数

年级	0次	1次	2次	3次或以上
幼儿园	44.3%	43.9%	9.1%	2.6%
小学低年级	37.3%	41.8%	13.7%	7.2%
小学中年级	39.1%	42.8%	11.8%	6.3%
小学高年级	44.6%	38.5%	10.8%	6.1%
初中	49.6%	35.1%	10.3%	5.0%
总计	42.4%	40.3%	11.5%	5.8%

附表3　每月看课外书的数量

年级	0本	1～2本	2～4本	5本以上
幼儿园	10.2%	51.0%	20.0%	18.8%
小学低年级	5.4%	45.6%	21.8%	27.3%
小学中年级	1.7%	29.6%	30.5%	38.2%
小学高年级	1.8%	28.8%	31.3%	38.1%
初中	6.6%	47.0%	28.1%	18.4%
总计	4.5%	39.4%	26.8%	29.3%

附表4　每天看电视的时间

年级	我不看电视	10分钟以内	10～30分钟	30～60分钟	60分钟以上
幼儿园	8.3%	10.4%	39.8%	28.6%	13.0%
小学低年级	18.2%	20.2%	34.0%	19.4%	8.1%
小学中年级	19.5%	15.3%	32.4%	23.0%	9.8%
小学高年级	17.7%	12.9%	29.8%	26.1%	13.5%
初中	24.5%	15.9%	27.8%	20.1%	11.7%
总计	18.5%	15.7%	32.2%	22.8%	10.8%

（4）相反，电子媒介则愈来愈受欢迎。周末使用电子设备的时长、手机的拥有率，都呈现急速上升的态势。在周末，00后儿童的电子媒介使用时间逐渐上升，到了初中已有60.2%的00后使用电子媒介的时间在60分钟以上，30.1%的在120分钟以上。（见附表5）

附表5 周末使用电子设备的时间

年级	30分钟以内	30～60分钟	60～120分钟	120分钟以上	从不使用
幼儿园	35.7%	27.8%	18.7%	6.9%	10.9%
小学低年级	38.3%	24.9%	15.8%	7.4%	13.6%
小学中年级	34.5%	27.4%	19.4%	9.3%	9.4%
小学高年级	22.5%	29.7%	25.6%	17.0%	2.9%
初中	14.1%	22.7%	30.1%	30.1%	2.9%
合计	29.2%	26.4%	21.7%	14.1%	8.6%

（5）到了小学中年级，已有接近四成（38.6%）的00后拥有自己的手机，到了初中，这一比例已上升至77.8%。（见附表6）

附表6 各年龄段拥有手机的比率

年级	拥有手机
幼儿园	4.2%
小学低年级	19.3%
小学中年级	38.6%
小学高年级	63.5%
初中	77.8%

3. 媒介态度

（1）电视和书的比重不断下降，电视的比重从小学低年级的47.8%下降至初中的38.4%，课外书从54.8%降至49.0%。而电脑和手机则持续上升，电脑由19.1%上升至45.4%，手机由26.8%上升至57.4%，到初中时已成为最受欢迎的媒介。而平板电脑的喜好程度在小学低年级便处于较高水平，此后一直保持。（见附表7）

附表7 媒介喜好（多选题）

年级	报刊	广播	电视	电脑	课外书	手机	平板电脑
小学低年级	8.4%	7.1%	47.8%	19.1%	54.8%	26.8%	33.0%
小学中年级	16.1%	6.6%	40.8%	28.4%	63.8%	27.9%	34.6%
小学高年级	21.8%	8.1%	39.7%	38.6%	61.5%	42.3%	38.5%
初中	26.3%	9.5%	38.4%	45.4%	49.0%	57.4%	33.6%
合计	17.4%	7.7%	42.0%	31.7%	57.4%	37.3%	34.8%

（2）00后儿童最喜欢使用的交流方式随着年龄增长有着显著变化。在小学低年级

期间，微信就成为仅次于面对面和手机打电话的交流方式（14.4%）。QQ的喜爱程度呈急剧上升的趋势，从小学低年级期间仅为7.5%，到初中时已达到47.3%，超过面对面，成为最受00后欢迎的交流方式。（见附表8、9）

附表8　最喜欢使用的交流方式（多选题）

年级	面对面	QQ	微信	手机短信	电子邮件	网络游戏	微博	手机打电话	固定电话
小学低年级	64.1%	7.5%	14.4%	2.7%	0.5%	3.4%	0.4%	16.5%	3.5%
小学中年级	54.5%	14.5%	16.3%	3.6%	1.0%	5.4%	0.3%	15.2%	4.1%
小学高年级	44.4%	30.5%	14.3%	4.2%	0.6%	4.8%	0.9%	15.3%	3.3%
初中	43.1%	47.3%	6.2%	5.1%	1.1%	2.3%	1.7%	12.5%	2.3%
合计	52.6%	23.2%	13.1%	3.8%	0.8%	4.0%	0.8%	15.0%	3.3%

附表9　每个年龄段拥有QQ的比率

年级	拥有QQ
小学低年级	22.5%
小学中年级	49.5%
小学高年级	78.7%
初中	91.8%
合计	60.6%

（二）新媒介使用情况

1. 三种新媒介综合使用情况

（1）对于电脑，小学低年级以前00后主要把它当作娱乐工具，玩游戏（45.5%）或看视频（58.3%）。中年级后上网浏览/查找信息和用QQ的人数迅速增加，分别为42.5%和20.9%。高年级后，上网浏览/查找信息成为电脑上的第一应用（61.5%）。（见附表10）

（2）平板电脑的主要功能以娱乐为主，主要是玩游戏、看视频，其他功能基本没有超过半数。其中幼儿园和初中的00后在平板电脑上的主要应用都是看视频（57.7%、52.4%）。而小学阶段，玩游戏的比率则普遍高于看视频。中年级后，上网浏览/查找信息的比率开始明显增多（24.7%到38.6%），用QQ也有明显增长（15.7%到50.2%）。

到了初中，QQ已成为平板电脑上仅次于看视频的第二大应用。（见附表11）

附表10　00后电脑使用行为（多选题）

年级	玩游戏	看视频	听音乐	用QQ	用微博	上网浏览/查找信息	看电子书	没接触过
幼儿园	45.5%	58.3%	26.3%	1.8%	0.7%	6.4%	3.2%	19.4%
小学低年级	56.3%	50.4%	38.4%	7.5%	1.8%	15.2%	7.4%	9.6%
小学中年级	55.0%	54.2%	40.8%	20.9%	2.7%	42.5%	10.5%	5.3%
小学高年级	58.3%	59.6%	53.0%	45.6%	5.7%	61.5%	16.4%	2.3%
初中	51.1%	61.7%	64.5%	58.9%	11.7%	65.8%	22.9%	2.0%
合计	54.1%	56.3%	45.6%	27.7%	4.6%	39.8%	12.5%	6.8%

附表11　00后平板电脑使用行为（多选题）

年级	玩游戏	看视频	听音乐	拍照	用QQ	打电话	发短信	用微信	用微博	上网浏览/查找信息	看电子书	没接触过
幼儿园	54.4%	57.7%	23.0%	N/A	2.7%	3.8%	1.7%	8.6%	0.7%	4.3%	5.2%	16.6%
小学低年级	50.7%	41.2%	26.3%	23.6%	6.0%	10.0%	5.7%	7.5%	1.2%	9.2%	5.7%	20.5%
小学中年级	53.4%	46.3%	33.9%	28.4%	15.7%	8.9%	7.3%	11.7%	2.3%	24.7%	9.5%	17.8%
小学高年级	54.9%	51.9%	42.5%	32.2%	36.8%	10.9%	9.5%	17.9%	5.1%	33.8%	16.1%	15.7%
初中	46.0%	52.4%	51.0%	30.2%	50.2%	11.9%	10.7%	16.7%	9.1%	38.6%	19.8%	15.7%
合计	51.7%	48.6%	35.8%	27.0%	22.7%	9.5%	7.3%	12.5%	3.7%	23.0%	11.4%	15.7%

（3）手机的功能相对全面，其中通信功能是第一位的。但玩游戏、看视频、听音乐的比率也较高。微信受到小学中年级以前的00后喜爱，而手机使用QQ的人数从小学高年级后开始高于微信，到了初中已有61.7%的00后会上手机QQ，成为仅次于打电话、听音乐的第三大应用。值得注意的是，发短信的比率相比小学高年级有明显增多。（见附表12）

附表12　00后手机使用行为（多选题）

年级	玩游戏	看视频	听音乐	拍照	用微博	打电话	用QQ	用微信	发短信	上网浏览/查找信息	看电子书	没接触过
幼儿园	53.4%	39.1%	30.6%	8.1%	0.7%	53.4%	2.9%	21.2%	4.9%	4.0%	2.4%	8.2%
小学低年级	47.2%	26.0%	32.5%	38.1%	1.5%	63.4%	7.0%	17.4%	15.0%	6.4%	3.9%	4.7%
小学中年级	42.8%	26.2%	35.3%	36.0%	2.7%	63.3%	16.7%	21.5%	19.9%	20.6%	6.5%	6.1%
小学高年级	45.9%	33.3%	51.3%	43.1%	5.8%	70.1%	39.4%	27.0%	34.2%	32.3%	13.4%	3.2%
初中	42.8%	39.9%	63.7%	45.8%	12.4%	70.5%	61.7%	24.5%	44.6%	43.8%	22.9%	2.6%
合计	45.8%	31.6%	42.8%	36.8%	4.7%	64.9%	26.0%	22.1%	24.6%	21.9%	9.9%	3.8%

2. 娱乐行为

（1）00后玩游戏主要是向家里人要钱（12.1%），而小学低年级的孩子相比起来更爱借钱（5.6%）。（见附表13）

附表13　玩网游的00后中在游戏上投入的金钱来源

年级	问家里人拿	找同学、朋友借	我玩游戏从来不花钱
小学低年级	13.5%	5.6%	81.0%
小学中年级	8.9%	3.5%	87.5%
小学高年级	11.3%	2.0%	86.7%
初中	15.0%	3.0%	82.3%
合计	12.1%	3.4%	84.6%

（2）小学低年级时，00后安装游戏还主要依靠爸妈，但随着年龄的增长，00后的自主性显著增强，到了初中已有超过七成（73.4%）的人自己选择并自己安装手机或平板电脑游戏。（见附表14）

附14　00后如何安装手机/平板游戏

年级	自己选择，爸妈帮我安装	自己选择，自己安装	爸妈帮我安装好，直接给我玩	我不喜欢玩手机、平板电脑游戏
小学低年级	24.3%	26.6%	27.0%	22.1%
小学中年级	23.1%	44.3%	13.5%	19.1%
小学高年级	14.3%	63.7%	7.2%	14.8%
初中	7.4%	73.4%	3.0%	16.2%
合计	17.3%	52.0%	12.7%	18.1%

（3）00后儿童在电脑上最喜欢玩网页小游戏（24.3%），但大型网络游戏的受欢迎程度随着年龄增长有明显上升。（见附表15）

附表15 00后最喜欢的电脑游戏

年级	无所谓，有得玩就好	儿童网络游戏	网页小游戏（7K7K，4399）	大型网络游戏（魔兽世界等）	棋牌类游戏（飞行棋等）	社交类游戏（QQ农场等）	不喜欢玩游戏
幼儿园	34.1%	12.9%	17.3%	1.4%	1.3%	2.9%	31.5%
小学低年级	25.3%	20.6%	27.3%	4.8%	4.7%	4.2%	19.5%
小学中年级	17.2%	20.6%	31.6%	9.1%	3.7%	7.0%	19.7%
小学高年级	17.7%	21.5%	25.0%	15.8%	4.7%	8.0%	17.0%
初中	18.9%	7.8%	14.5%	25.8%	5.7%	6.9%	27.3%
合计	21.5%	17.4%	24.3%	11.8%	4.3%	6.0%	21.9%

3. 交往行为

（1）00后的交往能力随着年龄增长而显著上升，小学中年级时已有接近半数（44.6%）的人加入1个以上Q群，初中则高达90%，其中有46.4%的加入了6个以上Q群。（见附表16）

附表16 00后加入Q群的数量

年级	0个	1～5个	6～10个	11个或以上
幼儿园	90.9%	6.3%	2.4%	0.4%
小学低年级	77.2%	18.0%	2.0%	2.8%
小学中年级	55.3%	36.8%	3.9%	3.9%
小学高年级	25.3%	46.3%	14.9%	13.5%
初中	10.0%	43.6%	21.5%	24.9%
合计	51.8%	30.2%	8.9%	9.1%

（2）与加入Q群的数量类似，玩网络游戏的00后中加入线上联盟的数量随着年龄增长而上升。小学中年级已有29.6%的00后加入了1个以上联盟，而这一比率到了初中则已接近半数（49.2%），其中有14.7%的加入了6个以上联盟。（见附表17）

（3）00后的线上交往能力也随着年龄增长而提高。小学中年级的00后有23.1%拥有网友，而初中阶段已超过半数（57.2%）。此外，主动结交网友的比率达到10.1%。

在社交媒体上认识陌生网友，在初中阶段已达到33.7%。（见附表18、19）

附表17 玩网络游戏的00后中加入线上联盟的数量

年级	0个	1～5个	6～10个	11个或以上
幼儿园	90.7%	6.3%	2.5%	0.5%
小学低年级	78.9%	14.1%	2.7%	4.3%
小学中年级	70.4%	21.7%	3.6%	4.3%
小学高年级	64.7%	25.8%	4.9%	4.5%
初中	50.8%	34.5%	6.8%	7.9%
合计	68.7%	22.3%	4.3%	4.8%

附表18 00后结交网友的方式

年级	别人主动加我	电脑或手机自动弹出	我主动加别人	没有网友
幼儿园	2.1%	2.7%	0.1%	95.1%
小学低年级	6.0%	3.3%	2.8%	87.9%
小学中年级	12.1%	6.2%	4.8%	76.9%
小学高年级	22.4%	8.3%	7.8%	61.5%
初中	37.0%	10.1%	10.1%	42.8%
总计	15.9%	6.1%	5.1%	72.8%

附表19 00后是否在微博、QQ等社交媒体中结交过陌生网友

年级	有	没有
幼儿园	1.8%	98.2%
小学低年级	4.5%	95.5%
小学中年级	8.3%	91.7%
小学高年级	17.8%	82.2%
初中	33.7%	66.3%
合计	13.6%	86.4%

（4）小学中高年级的00后喜欢通过社交媒体分享自己的心情（17.9%、30.1%），而初中的00后分享的比率下降，更加偏爱通过社交媒体了解同学、朋友的情况（34.2%）。（见附表20）

附表20 拥有社交媒体的00后的使用偏好（多选题）

年级	了解同学、朋友的情况	了解自己喜欢的动漫、明星、游戏的情况	和大家分享自己的心情	不使用
小学低年级	9.1%	9.2%	5.7%	76.7%
小学中年级	17.5%	13.9%	17.9%	52.5%
小学高年级	28.5%	16.5%	30.1%	27.7%
初中	34.2%	26.5%	26.2%	18.2%
合计	21.1%	16.8%	19.3%	45.9%

4. 学习行为

（1）生活上遇到问题00后还是偏向于找妈妈爸爸，但是随着年龄的增长，妈妈爸爸的地位持续下降，而同伴和网络的影响力则一直上升。到了初中，爸爸的影响力（18.1%）还不如同伴（29.8%），只略高于网络（15.4%）。从性别上看，男孩更喜欢找爸爸（25.0%）和妈妈（46.6%），女孩则更喜欢找妈妈（54.3%）和同学、朋友（12.5%）。（见附表21）

附表21 在生活中遇到问题的求助对象

年级	老师	爸爸	妈妈	同学、朋友	上网找答案
幼儿园	7.9%	27.5%	72.1%	2.7%	0.6%
小学低年级	17.9%	24.7%	55.9%	4.4%	3.9%
小学中年级	13.6%	21.6%	54.7%	7.5%	7.5%
小学高年级	10.1%	22.5%	46.0%	14.5%	11.3%
初中	8.5%	18.1%	31.0%	29.8%	15.4%

性别	老师	爸爸	妈妈	同学、朋友	上网找答案
女	12.4%	20.3%	54.3%	12.5%	6.4%
男	12.2%	25.0%	46.6%	11.3%	9.9%
合计	12.3%	22.6%	50.6%	11.9%	8.1%

（2）当在学习上遇到问题时，爸爸妈妈的地位也呈显著下降趋势。进入小学后，选择查字典或相关书籍的人数逐渐增加，到了小学中年级出现顶峰（36.6%），之后又缓慢下降。初中阶段，选择上网找答案和向同学、朋友寻求帮助的人数明显增多，分别为21.4%和25.4%。（见附表22）

附表22 在学习中遇到问题的求助对象

年级	上网找答案	查字典或相关书籍	爸爸	妈妈	同学、朋友	老师
幼儿园	3.2%	4.2%	30.0%	58.1%	1.7%	16.0%
小学低年级	4.5%	22.5%	17.5%	34.1%	4.1%	27.5%
小学中年级	9.9%	36.6%	12.7%	26.4%	7.5%	14.4%
小学高年级	14.8%	33.1%	12.6%	22.0%	12.6%	11.9%
初中	21.4%	27.3%	8.9%	9.8%	25.4%	11.2%

性别	上网找答 案	查字典或相关书籍	爸爸	妈妈	同学、朋友	老师
女	10.6%	27.0%	14.2%	29.3%	10.5%	16.5%
男	11.2%	26.1%	16.3%	26.7%	10.5%	17.1%
合计	10.9%	26.8%	15.1%	27.9%	10.5%	16.8%

（3）在使用电子产品上，爸爸（38.6%）的影响力一直高于妈妈（24.2%）。自己上网查找问题的比率在小学高年级后明显上升，到了初中已达30.1%。同伴的影响力也在逐渐上升。（见附表23）

附表23 使用电子产品时遇到问题的求助对象（多选题）

年级	老师	同学、朋友	爸爸	妈妈	自己看说明书或上网	从未遇到过问题
幼儿园	3.7%	2.8%	45.0%	40.8%	1.1%	12.3%
小学低年级	3.2%	3.2%	42.5%	30.7%	4.6%	20.6%
小学中年级	2.1%	3.0%	38.0%	23.9%	9.8%	25.7%
小学高年级	0.9%	4.2%	38.7%	19.9%	16.5%	21.7%
初中	2.6%	10.0%	30.3%	10.9%	30.1%	18.3%
合计	2.3%	4.7%	38.6%	24.2%	12.8%	20.7%

（4）小学高年级后，关注微信公众号的人数明显增多，到了初中，已有33.5%的00后关注了公众号。（见附表24）

附表24 是否关注公众号

年级	订阅微信公众号
幼儿园	6.8%
小学低年级	10.9%

年级	订阅微信公众号
小学中年级	14.5%
小学高年级	29.0%
初中	33.5%
合计	19.3%

5. 表达行为

（1）00后在网络上发表的内容从整体上看都呈增加趋势。小学中年级，会在网络上发表内容的人数超过三成（35.8%），到初中已达64.1%。00后对于图片的喜爱度最高，在小学中年级后文字所占的比率明显增多，到了初中为39.5%。选择上传声音的相对人数也在持续上升。（见附表25）

附表25　在网络上传的内容（多选题）

年级	文章	图片	声音	视频	不发表
幼儿园	4.1%	13.5%	7.9%	3.8%	81.4%
小学低年级	4.8%	19.1%	9.5%	6.8%	72.5%
小学中年级	14.8%	26.1%	11.0%	9.4%	64.2%
小学高年级	28.9%	37.8%	10.8%	11.5%	49.5%
初中	39.5%	50.6%	13.7%	14.2%	35.9%
合计	19.3%	30.7%	10.9%	9.7%	58.8%

（2）小学低年级在社交媒体上拥有粉丝的人数已有5.8%，到了初中已达28.6%。（见附表26）

附表26　是否在社交媒体拥有粉丝

年级	有	没有
幼儿园	2.4%	97.5%
小学低年级	5.8%	94.2%
小学中年级	9.3%	90.7%
小学高年级	16.4%	83.6%
初中	28.6%	71.4%
合计	13.0%	87.0%

（三）儿童在线风险

1. 不良信息

（1）00后整体在遭遇不良内容时，喜欢找妈妈倾诉的有47.7%，但这一比率随着年龄的增长而持续下降，到了初中只有24.4%。相反，找同学、朋友的比重持续上升，到了初中成为最主要的倾诉对象，为35.3%。同时不爱说出口的人数也逐渐增加，到了初中已达27.9%。（见附表27）

附表27 遭遇不良内容的倾诉对象（多选题）

年级	爸爸	妈妈	老师	同学、朋友	网友	谁也不说
幼儿园	24.1%	65.6%	2.2%	3.6%	0.3%	9.4%
小学低年级	25.6%	56.6%	6.6%	4.9%	1.2%	11.1%
小学中年级	21.3%	54.6%	3.8%	8.7%	0.9%	14.6%
小学高年级	16.7%	41.4%	1.7%	21.5%	0.7%	20.8%
初中	9.9%	24.4%	2.7%	35.3%	1.9%	27.9%
合计	19.4%	47.7%	3.7%	15.0%	1.0%	17.1%

（2）游戏网站和视频网站是接触不良内容的主要平台。小学高年级后视频网站所占比率明显增多，到初中已达19.8%。（见附表28）

附表28 接触暴力内容的网站（多选题）

年级	视频网站	动漫网站	游戏网站	QQ空间	百度贴吧	QQ	从未遇过
小学低年级	8.5%	9.9%	13.1%	2.8%	2.6%	2.0%	77.2%
小学中年级	9.2%	7.2%	10.4%	2.1%	5.3%	2.8%	77.9%
小学高年级	13.5%	8.3%	12.5%	3.6%	8.6%	4.1%	73.6%
初中	19.8%	11.5%	18.0%	4.7%	10.8%	5.2%	63.0%
合计	12.3%	9.2%	13.4%	3.2%	6.5%	3.4%	73.4%

2. 个人隐私

如果在上网时遇到要求你填写真实资料（姓名、电话、地址等）时，选择直接填写资料的00后明显增多，由幼儿园的6.2%到初中的10.4%，翻了近一倍。幼儿园的孩子也只有不超过三成（27.5%）的孩子会咨询父母意见。（见附表29）

附表29　上网时要求填写真实资料的反应

年级	直接填	咨询父母的意见	从不填写
幼儿园	6.2%	27.5%	66.3%
小学低年级	2.9%	30.1%	67.0%
小学中年级	3.3%	36.1%	60.6%
小学高年级	4.2%	37.3%	58.5%
初中	10.4%	29.6%	60.0%
合计	5.4%	32.1%	62.5%

3. 网络交友

在遇到网友相邀时，选择直接去或问一下同学、朋友再去的人数都在增加。而问爸妈再去的人数为19.9%，并且随着年龄的增长而下降，到了初中只有15.5%。（见附表30）

附表30　如何应对网友线下见面的要求

年级	直接去	问一下爸妈再去	和同学、朋友聊一下再去	不去
小学低年级	1.4%	20.2%	1.9%	76.5%
小学中年级	0.5%	23.7%	3.6%	72.2%
小学高年级	0.5%	20.1%	2.4%	77.0%
初中	2.5%	15.5%	7.0%	75.0%
合计	1.2%	19.9%	3.7%	75.2%

4. 网络欺凌

（1）幼儿园已经有00后在网络上被人恶搞了，同时这一比率随着年龄增长而逐渐增加，到初中已达18.3%。（见附表31）

附表31　是否试过被同学、朋友在网络上恶搞过？

年级	有	没有
幼儿园	2.0%	98.0%
小学低年级	3.5%	96.5%
小学中年级	4.1%	95.9%
小学高年级	11.1%	88.9%
初中	18.3%	81.7%
合计	7.9%	92.1%

（2）面对网络辱骂，00后主要采取的方式是不理他，维权意识总体不强。但是选择骂回去或者向网络管理员投诉的人数都在不断增加，到了初中分别达到21.8%和28.2%。（见附表32）

附表32　面对网络辱骂的反应

年级	不理他	骂回去	告诉家人或老师	向网络管理员举报或投诉
小学低年级	52.8%	9.7%	28.3%	9.2%
小学中年级	52.9%	10.6%	23.6%	12.9%
小学高年级	47.2%	15.3%	13.0%	24.5%
初中	44.0%	21.8%	6.0%	28.2%
合计	49.2%	14.4%	17.7%	18.7%

5. 网络诈骗和网络谣言

（1）在QQ上收到中奖信息，大部分00后选择不理它。选择查询其他网站确认真实性的比率反而随着年龄增长而逐渐降低，由幼儿园的26.5%下降到了初中的9.1%。（见附表33）

附表33 在QQ上收到中奖信息的反应

年级	马上按要求去兑奖	查询其他网站确认真实性	不理它
小学低年级	2.1%	26.5%	71.4%
小学中年级	1.0%	26.4%	72.6%
小学高年级	1.0%	17.7%	81.3%
初中	2.5%	9.1%	88.4%
合计	1.7%	19.9%	78.4%

（2）听到消息说家附近地震了，选择查询其他网站确认真实性的人数随年龄增长显著增加，到了初中已接近半数（47.7%），而询问父母老师的人数却持续下降，由幼儿园的61.5%到初中的29.5%。值得注意的是，初中阶段马上转发或告诉别人的人数也有所增多，为3.5%。（见附表34）

附表34 听到有消息说家附近有地震的反应（多选题）

年级	马上转发或告诉别人	查询其他网站确认真实性	询问父母或老师确认真实性	不理会
小学低年级	5.5%	16.3%	61.5%	17.8%
小学中年级	3.3%	30.8%	55.8%	12.2%
小学高年级	2.7%	41.7%	41.8%	15.2%
初中	3.5%	47.7%	29.5%	20.5%
合计	3.8%	32.8%	48.5%	16.3%

（四）价值观

（1）最受00后儿童喜爱的偶像明星包括：张杰、TFBOYS、周杰伦、杨幂、成龙、EXO。在小学低年级，喜欢的偶像主要是身边的人，如爸爸、妈妈和老师。到了中高年级，偶像中明星的比率明显增多，如张杰、周杰伦等。初中之后，偶像更加国际化，如韩国组合EXO以及香港歌星邓紫棋等。（见附表35）

附表35 00后最喜欢的偶像

年级	第一名	第二名	第三名	第四名	第五名	第六名
小学低年级	妈妈	爸爸	奥特曼	老师	白雪公主	小魔仙
小学中年级	张杰	周杰伦	杨幂	TFBOYS	成龙	爸爸
小学高年级	张杰	TFBOYS	周杰伦	杨幂	李易峰	EXO
初中	TFBOYS	EXO	张杰	周杰伦	李易峰	成龙
总计	张杰	TFBOYS	周杰伦	杨幂	成龙	EXO

性别	第一名	第二名	第三名	第四名	第五名	第六名
女	TFBOYS	杨幂	EXO	李易峰	妈妈	张杰
男	张杰	周杰伦	成龙	姚明	爸爸	汪峰

（2）最受00后儿童喜爱的动漫形象包括：名侦探柯南、喜羊羊、海绵宝宝、奥特曼、熊大、小马宝莉。但在小学中年级之后，来自日本动漫或好莱坞电影的形象明显增多，如《火影忍者》中的鸣人、《海贼王》中的路飞、《神偷奶爸》中的小黄人。（见附表36）

附表36 00后最喜欢的动漫形象

年级	第一名	第二名	第三名	第四名	第五名	第六名
幼儿园	奥特曼	小魔仙	喜羊羊	猪猪侠	白雪公主	铠甲勇士
小学低年级	喜羊羊	柯南	奥特曼	白雪公主	小马宝莉	熊出没
小学中年级	柯南	喜羊羊	海绵宝宝	小马宝莉	赛尔号	熊大
小学高年级	柯南	海绵宝宝	小黄人	哆啦A梦	Hello Kitty	火影忍者
初中	柯南	海绵宝宝	路飞	哆啦A梦	火影忍者	金木研
总计	柯南	喜羊羊	海绵宝宝	奥特曼	熊大	小马宝莉

性别	第一名	第二名	第三名	第四名	第五名	第六名
女	柯南	喜羊羊	海绵宝宝	小马宝莉	白雪公主	小魔仙
男	柯南	奥特曼	喜羊羊	海绵宝宝	变形金刚	铠甲勇士

（3）00后儿童在电脑上最喜欢玩网页小游戏（24.3%）。但在平板电脑和手机游戏上的偏好比较一致，最喜爱《天天酷跑》《我的世界》和《植物大战僵尸》。其中《我的世界》在小学中年级后受到热捧。（见附表37、38）

附表37 00后最喜欢的手机游戏

年级	第一名	第二名	第三名	第四名	第五名	第六名
幼儿园	植物大战僵尸	天天酷跑	保卫萝卜	连连看	赛车	汤姆猫
小学低年级	天天酷跑	植物大战僵尸	我的世界	保卫萝卜	神庙逃亡	天天飞车
小学中年级	天天酷跑	我的世界	植物大战僵尸	保卫萝卜	神庙逃亡	天天飞车
小学高年级	天天酷跑	我的世界	神庙逃亡	小黄人快跑	植物大战僵尸	地铁酷跑
初中	天天酷跑	我的世界	2048	节奏大师	QQ	神庙逃亡
总计	天天酷跑	我的世界	植物大战僵尸	神庙逃亡	保卫萝卜	天天飞车

性别	第一名	第二名	第三名	第四名	第五名	第六名
女	天天酷跑	我的世界	神庙逃亡	节奏大师	保卫萝卜	植物大战僵尸
男	天天酷跑	我的世界	植物大战僵尸	天天飞车	保卫萝卜	神庙逃亡

附表38 00后最喜欢的平板电脑游戏

年级	第一名	第二名	第三名	第四名	第五名	第六名
幼儿园	植物大战僵尸	赛车	爸爸去哪儿	愤怒的小鸟	酷跑	宝宝巴士
小学低年级	植物大战僵尸	天天酷跑	爸爸去哪儿	保卫萝卜	我的世界	切水果
小学中年级	我的世界	天天酷跑	植物大战僵尸	神庙逃亡	赛尔号	穿越火线

（续表）

年级	第一名	第二名	第三名	第四名	第五名	第六名
小学高年级	我的世界	天天酷跑	植物大战僵尸	神庙逃亡	地铁跑酷	节奏大师
初中	天天酷跑	我的世界	节奏大师	神庙逃亡	QQ	三国杀
总计	天天酷跑	我的世界	植物大战僵尸	神庙逃亡	保卫萝卜	节奏大师

性别	第一名	第二名	第三名	第四名	第五名	第六名
女	天天酷跑	我的世界	节奏大师	神庙逃亡	植物大战僵尸	保卫萝卜
男	我的世界	植物大战僵尸	天天酷跑	赛车	穿越火线	赛尔号

二、家长媒介使用及在线风险情况

（一）家长媒介接触情况

1. 传统媒介接触情况

（1）幼儿园的新生代家长明显比小学和初中的家长更喜欢看电影，幼儿园家长中有63.0%每月会看一次以上电影。（见附表39）

附表39　00后家长每月看电影的次数

年级	0次	1次	2次	3次以上
幼儿园	37.0%	45.6%	13.0%	4.4%
小学低年级	44.8%	42.3%	10.2%	2.8%
小学中年级	47.8%	39.6%	10.1%	2.4%
小学高年级	55.1%	32.3%	8.3%	4.3%
初中	61.8%	26.9%	7.8%	3.4%
合计	49.8%	37.2%	9.7%	3.3%

（2）总体而言，有18.7%的家长一个月不看一本书，并且年轻的家长比年长的家长更不喜欢看书。（见附表40）

附表40　00后家长每月看书的数量

年级	0本	1～2本	2～4本	5本以上
幼儿园	17.3%	61.2%	16.2%	5.4%
小学低年级	18.2%	60.7%	14.2%	7.0%
小学中年级	15.0%	62.0%	15.8%	7.3%
小学高年级	18.3%	57.0%	15.6%	9.0%

（续表）

年级	0本	1～2本	2～4本	5本以上
初中	25.1%	52.8%	14.6%	7.5%
合计	18.7%	58.8%	15.1%	7.3%

（3）小学中年级以下的家长不看电视的比率要高于小学高年级和初中。（见附表41）

附表41 00后家长每天看电视的时间

年级	不看电视	10分钟以内	10～30分钟	30～60分钟	60分钟以上
幼儿园	21.3%	10.7%	25.5%	26.9%	15.6%
小学低年级	23.6%	12.4%	26.2%	24.6%	13.2%
小学中年级	22.5%	11.7%	26.7%	23.7%	15.3%
小学高年级	19.4%	9.7%	26.3%	26.0%	18.6%
初中	17.6%	8.4%	22.6%	26.9%	24.6%
合计	21.1%	10.7%	25.5%	25.4%	17.3%

2. 媒介态度

（1）新生代家长中，手机（47.9%）、电脑（39.8%）、电视（37.9%）的使用率最高。总体而言，微信是新生代家长上网的主要偏好（62.8%），其次是QQ（48.8%），而网购是第三大偏好（47.2%）。相比起来，幼儿园的家长玩微信（70.3%）、微博（21.8%）、网游（11.3%）和网购（56.9%）的比率更高。（见附表42、43）

附表42 00后家长最经常使用的媒介（多选题）

年级	报刊	广播	电视	电脑	书籍	手机	平板电脑	其他
幼儿园	26.1%	12.3%	35.5%	43.5%	18.1%	52.8%	23.8%	0.8%
小学低年级	30.7%	14.6%	39.7%	42.9%	21.8%	50.1%	18.2%	0.1%
小学中年级	28.7%	12.2%	36.2%	41.1%	21.4%	48.0%	16.4%	0.4%
小学高年级	31.8%	9.9%	37.0%	36.4%	20.1%	42.7%	15.9%	0.7%
初中	33.5%	12.9%	40.0%	35.0%	15.0%	46.7%	14.7%	0.5%
总计	30.4%	12.5%	37.9%	39.8%	19.6%	47.9%	17.3%	0.5%

附表43 00后家长的上网使用偏好（多选题）

年级	使用QQ	使用微博	使用微信	玩网络游戏	网上购物
幼儿园	39.9%	21.8%	70.3%	11.3%	56.9%
小学低年级	52.4%	14.4%	66.6%	9.1%	48.9%
小学中年级	50.6%	14.6%	64.1%	8.0%	46.7%

（续表）

年级	使用QQ	使用微博	使用微信	玩网络游戏	网上购物
小学高年级	49.6%	12.0%	59.5%	9.7%	44.0%
初中	46.5%	14.5%	54.8%	8.2%	42.4%
总计	48.8%	14.9%	62.8%	9.1%	47.2%

（2）对于家长而言，打电话（73.6%）和使用微信（53.5%）还是最重要的交流方式。除了初中00后的家长，其余年龄段儿童的家长使用微信的比率都要高于面对面。电子化的社交成为主流，面对面的交流和使用固定电话交流的人数都在减少。（见附表44、45）

附表44　00后家长经常使用的交流方式（多选题）

年级	面对面	QQ等基于电脑的社交软件	微信等基于手机的社交软件	手机短信	电子邮件	网络游戏	微博	手机打电话	固定电话
幼儿园	36.6%	34.9%	65.9%	35.4%	10.0%	2.1%	5.4%	74.4%	13.3%
小学低年级	37.3%	37.4%	58.9%	39.3%	11.2%	1.7%	6.2%	74.3%	16.3%
小学中年级	34.0%	37.2%	55.7%	39.9%	11.4%	1.2%	6.0%	75.1%	14.5%
小学高年级	35.9%	33.0%	49.3%	39.1%	9.2%	1.2%	4.1%	73.9%	18.2%
初中	40.5%	31.3%	39.9%	38.2%	9.2%	1.7%	4.9%	70.0%	18.4%
总计	36.8%	35.0%	53.5%	38.7%	10.3%	1.5%	5.4%	73.6%	16.3%

附表45　00后家长喜爱的交流方式（多选题）

年级	面对面	QQ等基于电脑的社交软件	微信等基于手机的社交软件	手机短信	电子邮件	网络游戏	微博	手机打电话	固定电话
幼儿园	53.8%	11.0%	29.0%	11.7%	1.9%	1.2%	1.4%	34.4%	4.4%
小学低年级	50.4%	12.7%	25.7%	9.8%	2.3%	0.2%	1.3%	32.3%	3.7%
小学中年级	48.8%	15.0%	23.4%	10.6%	2.9%	0.7%	1.2%	32.6%	4.4%
小学高年级	47.5%	12.1%	19.7%	9.2%	1.6%	0.7%	1.0%	32.9%	6.4%
初中	47.8%	12.6%	17.4%	9.6%	1.6%	0.6%	0.5%	31.9%	5.4%
总计	49.4%	12.9%	22.8%	10.0%	2.1%	0.6%	1.1%	32.7%	4.8%

（二）家长的媒介使用情况

1. 三大新媒介使用情况

（1）00后家长主要使用电脑上网浏览/查找信息（66.2%）、看视频（51.9%）和

上网购物（47.5%）。年轻一代的家长更爱玩游戏、发微博、上网购物、看视频。（见附表46）

附表46　00后家长电脑使用行为（多选题）

年级	听音乐	玩游戏	上网浏览/查找信息	使用QQ	使用微博	看电子书	看视频	上网购物	没有接触过
幼儿园	44.2%	18.1%	70.4%	38.6%	13.5%	17.7%	57.1%	58.0%	1.7%
小学低年级	47.4%	16.2%	67.4%	45.2%	10.5%	17.8%	52.9%	47.9%	2.5%
小学中年级	45.1%	16.0%	69.8%	47.9%	8.7%	21.6%	52.0%	49.4%	1.9%
小学高年级	44.1%	13.5%	65.3%	44.5%	7.7%	18.0%	51.9%	44.3%	4.1%
初中	39.8%	14.1%	58.7%	37.3%	10.2%	17.3%	47.2%	41.1%	5.8%
总计	44.4%	15.5%	66.2%	43.3%	9.8%	18.6%	51.9%	47.5%	3.2%

（2）家长们用平板电脑主要做三件事：看视频（47.7%）、上网浏览/查找资料（38.4%）、用微信（29.3%）。新生代家长更爱用微信、发微博、玩游戏、看视频、上网购物。新生代家长接触平板电脑的明显多过年龄更大的家长。（见附表47）

附表47　00后家长平板电脑使用行为（多选题）

年级	用微信	听音乐	玩游戏	上网浏览/查找信息	使用QQ	使用微博	看电子书	看视频	上网购物	没有接触过
幼儿园	33.5%	31.2%	20.4%	45.1%	24.2%	9.8%	20.4%	60.0%	37.1%	11.3%
小学低年级	29.8%	30.8%	19.8%	37.4%	27.1%	6.1%	16.7%	50.6%	25.1%	18.3%
小学中年级	29.2%	28.5%	18.9%	39.7%	24.7%	4.5%	17.5%	47.6%	23.7%	20.4%
小学高年级	27.6%	28.2%	13.8%	37.7%	26.1%	4.5%	14.6%	43.1%	21.6%	23.8%
初中	27.6%	27.1%	12.1%	34.7%	25.5%	6.5%	13.7%	40.4%	22.5%	25.0%
总计	29.3%	29.1%	17.0%	38.4%	25.7%	6.0%	16.4%	47.7%	25.1%	20.3%

（3）家长用手机做三件事：打电话（87.9%）、聊微信（67.8%）、发短信（63.3%）。新生代家长更爱玩游戏、听音乐、聊微信、使用微博、上网购物等。（见附表48）

附表48　00后家长手机使用行为（多选题）

年级	打电话	发短信	聊微信	听音乐	玩游戏	上网浏览/查找信息	使用QQ	使用微博	看电子书	看视频	上网购物	没有接触过
幼儿园	89.1%	61.1%	77.0%	43.0%	20.8%	45.0%	40.2%	13.9%	20.8%	36.6%	35.7%	0.5%
小学低年级	89.9%	62.9%	71.7%	38.9%	18.9%	40.9%	47.6%	10.1%	19.3%	32.7%	27.6%	0.3%
小学中年级	87.2%	64.4%	70.7%	37.8%	17.3%	43.8%	44.5%	7.3%	20.7%	32.4%	25.3%	0.5%
小学高年级	86.8%	63.3%	65.9%	37.6%	16.2%	40.2%	43.4%	6.7%	20.1%	31.1%	24.0%	1.1%
初中	86.4%	64.0%	55.3%	33.8%	13.0%	39.4%	39.3%	8.5%	16.4%	29.2%	22.0%	0.7%
总计	87.9%	63.3%	67.8%	37.9%	17.1%	41.6%	43.6%	9.0%	19.4%	32.1%	26.3%	0.6%

2. 学习行为

（1）在生活中遇到不懂的问题，00后家长首先想到上网找答案（51.8%）。新生代家长更爱上网、更少问家人。（见附表49）

附表49　在生活中遇到问题的求助对象（多选题）

年级	家人	朋友	上网找答案
幼儿园	26.8%	17.0%	59.0%
小学低年级	30.0%	15.5%	56.5%
小学中年级	30.0%	15.1%	56.7%
小学高年级	34.9%	17.2%	49.5%
初中	45.1%	18.8%	37.2%
总计	33.5%	16.6%	51.8%

（2）在使用电脑、平板电脑或手机等电子产品遇到问题时（比如电脑开不了机），00后家长首先上网解决，新生代家长可能因为使用深度广度更多，遇到的这类问题也更多，更喜欢自己解决。00后家长在遇到问题时，首先想到的是上网解决（35.1%），其次则是询问家长（34.2%）。新生代家长认为自己从未遇到问题的人数要明显高于年长的家长。（见附表50）

附表50　在使用电子产品时遇到问题的求助对象（多选题）

年级	朋友	家人	自己看说明书或上网找方法	从未遇到过问题
幼儿园	26.4%	33.1%	39.3%	3.3%
小学低年级	25.2%	33.4%	37.0%	6.5%

（续表）

年级	朋友	家人	自己看说明书或上网找方法	从未遇到过问题
小学中年级	25.3%	33.3%	35.2%	8.2%
小学高年级	22.4%	32.5%	35.0%	11.4%
初中	19.4%	39.3%	28.4%	14.4%
总计	23.9%	34.2%	35.1%	8.6%

（3）70.3%的家长关注了公众号，新生代家长明显关注得更多。（见附表51）

附表51　关注微信公众号的数量（多选题）

年级	0个	1-10个	11个或以上
幼儿园	18.5%	81.4%	0.1%
小学低年级	22.2%	77.5%	0.3%
小学中年级	25.1%	74.7%	0.3%
小学高年级	35.5%	64.4%	0.1%
初中	44.6%	55.2%	0.1%
合计	29.7%	70.1%	0.2%

3. 交往行为

（1）84%的家长们加入了Q群。26.6%家长加5个以上Q群。新生代家长更积极，加入5个以上Q群也比年长的家长更多一些。（见附表52）

附表52　00后家长加入Q群的数量

年级	0个	1~5个	6~10个	11个或以上
幼儿园	10.0%	59.9%	18.9%	11.3%
小学低年级	11.5%	58.9%	19.5%	10.1%
小学中年级	11.7%	59.9%	17.6%	10.7%
小学高年级	17.4%	57.5%	15.8%	9.3%
初中	29.2%	51.0%	11.9%	7.9%
合计	16.0%	57.4%	16.8%	9.8%

（2）家长们较少参加网游中的组织，47.2%的家长不玩网游。其中玩网游的人中参加联盟的人数也比较少，只有12.3%。（见附表53）

附表53 00后家长加入线上联盟的数量

年级	0个	1～5个	6～10个	11个或以上	不玩网络游戏
幼儿园	39.1%	9.6%	1.2%	1.0%	49.1%
小学低年级	41.6%	10.4%	1.9%	1.0%	45.0%
小学中年级	40.8%	10.2%	2.6%	0.4%	46.1%
小学高年级	43.1%	6.9%	3.5%	1.1%	45.4%
初中	37.1%	6.4%	3.0%	1.5%	51.9%
合计	40.5%	8.8%	2.5%	1.0%	47.2%

（3）39.2%的家长有陌生网友。被动加的多，只有极少数（4.1%）是主动加别人。（见附表54）

附表54 00后家长认识网友的方式

年级	别人主动加我	电脑或手机自动弹出	我主动加别人	没有网友
幼儿园	27.4%	7.7%	4.2%	60.7%
小学低年级	26.7%	9.9%	4.1%	59.3%
小学中年级	26.4%	9.0%	3.4%	61.2%
小学高年级	23.6%	10.3%	4.0%	62.1%
初中	24.5%	9.9%	4.7%	60.9%
总计	25.7%	9.5%	4.1%	60.8%

4. 表达行为

（1）52.4%的00后家长不在网上发东西。图片所占比率最多，为33.8%。新生代家长更爱发图片和文字。（见附表55）

附表55 00后家长在网络上发附表内容的形式

年级	文章	图片	声音	视频	不发表
幼儿园	29.2%	38.6%	4.1%	7.8%	45.1%
小学低年级	21.0%	37.2%	5.3%	7.6%	52.4%
小学中年级	22.7%	33.7%	4.9%	5.8%	53.2%
小学高年级	25.2%	29.2%	4.7%	7.4%	54.5%
初中	23.9%	29.1%	5.5%	5.5%	55.9%
总计	24.0%	33.8%	4.9%	6.8%	52.4%

（2）只有16.4%的00后家长有粉丝，此外新生代家长要比年长的家长拥有粉丝的比率更大。（见附表56）

附表56 00后家长拥有粉丝的比率

年级	有	没有
幼儿园	23.9%	76.1%
小学低年级	16.1%	83.9%
小学中年级	15.6%	84.4%
小学高年级	14.9%	85.1%
初中	12.5%	87.5%
总计	16.4%	83.6%

（三）家长的在线风险

1. 安全意识

新生代家长明显安全措施做得多些。有20.3%的家长没有做过安全措施，而做过安全措施比率最高的是屏蔽弹出式广告（56.8%），其次则是屏蔽不想接收的信息（55.6%）。（见附表57）

附表57 00后家长做过的网络安全措施

年级	屏蔽不想接收的信息	屏蔽弹出式广告	屏蔽垃圾邮件	变更社交网页的浏览权限	清除网页浏览痕迹	复原一些能屏蔽特定网站的过滤装置	以上都没有
幼儿园	64.3%	64.2%	58.9%	18.4%	46.0%	10.9%	15.1%
小学低年级	58.5%	58.0%	54.7%	14.1%	37.9%	8.0%	18.7%
小学中年级	55.2%	56.8%	51.5%	12.3%	38.2%	7.1%	19.7%
小学高年级	52.0%	53.7%	46.6%	10.8%	34.7%	8.2%	21.8%
初中	47.4%	51.7%	42.9%	13.2%	29.0%	10.4%	26.7%
总计	55.6%	56.8%	51.1%	13.6%	37.1%	8.7%	20.3%

2. 个人隐私

如果在上网时遇到要求填写真实资料（姓名、电话、地址等），40.0%的家长从来不填隐私资料，但新生代家长相对会看情况填，因为新生代家长使用深度更强。（见附表58）

附表58　上网时遇到要求真实资料的反应

年级	直接填	咨询家人或朋友的意见	从来不填	看情况填
幼儿园	2.9%	5.6%	30.8%	60.8%
小学低年级	3.3%	6.6%	38.7%	51.7%
小学中年级	3.1%	6.2%	41.1%	49.9%
小学高年级	3.7%	6.4%	43.6%	46.9%
初中	4.4%	8.1%	45.5%	43.5%
总计	3.4%	6.6%	40.0%	50.5%

3. 网络交友

如果有陌生网友（现实生活中不认识的人）提出见面要求，86.7%的家长不会见。新生代家长警惕性更强。（见附表59）

附表59　面对网友见面要求的反应

年级	直接去	和家人聊一下再决定	和朋友聊一下再决定	不去
幼儿园	1.9%	3.7%	4.9%	89.5%
小学低年级	1.8%	6.2%	4.9%	87.1%
小学中年级	1.5%	7.0%	4.7%	86.8%
小学高年级	2.2%	7.2%	6.0%	84.6%
初中	2.3%	8.0%	4.1%	85.6%
总计	1.9%	6.4%	4.9%	86.7%

4. 网络欺凌

（1）在遭遇网络欺凌时，只有25.0%的00后家长会采取相应措施，9.3%会直接骂回去。而相比较而言新生代家长中选择骂回去的人更多。（见附表60）

附表60　00后家长面对网络凌辱的反应

年级	不理会	骂回去	告诉家里人或朋友	向网络管理员举报或投诉
幼儿园	63.8%	11.6%	2.8%	23.2%
小学低年级	65.6%	9.0%	3.5%	22.9%
小学中年级	65.2%	8.8%	3.6%	24.4%
小学高年级	61.4%	9.0%	3.2%	27.5%
初中	62.3%	8.2%	2.2%	27.7%
总计	63.9%	9.3%	3.1%	25.0%

（2）在怀疑网络信息的真实性方面，有21.7%的00后家长漠不关心，但新生代家长采取怀疑态度的比率更高一些。（见附表61）

附表61　00后家长在怀疑网络真实性时的反应

年级	通过更多的媒体了解、核实	继续关注，但不深究	听大家说，但不主动关注	无所谓，漠不关心	从不怀疑网络内容的真实性
幼儿园	36.4%	24.4%	17.9%	22.8%	1.9%
小学低年级	37.3%	22.8%	18.2%	21.0%	2.4%
小学中年级	36.6%	22.5%	18.0%	22.4%	2.4%
小学高年级	42.9%	20.2%	14.7%	21.6%	3.8%
初中	43.3%	17.4%	15.5%	21.9%	3.3%
总计	40.0%	20.7%	16.6%	21.7%	3.0%

5. 价值观

家长们最爱玩斗地主。其他和孩子们玩的一样。00后的家长们最爱的平板电脑游戏与手机游戏的类似：斗地主、天天爱消除、消灭星星、天天酷跑、开心消消乐。（见附表62、63）

附表62　00后家长最喜欢的手机游戏

年级	第一名	第二名	第三名	第四名	第五名	第六名
幼儿园	斗地主	保卫萝卜	连连看	植物大战僵尸	天天酷跑	消消乐
小学低年级	斗地主	天天爱消除	消灭星星	天天酷跑	消消乐	开心消消乐
小学中年级	斗地主	天天爱消除	消灭星星	开心消消乐	天天酷跑	连连看
小学高年级	斗地主	消灭星星	天天爱消除	天天酷跑	开心消消乐	2048
初中	斗地主	消灭星星	天天爱消除	天天酷跑	连连看	消消乐
总计	斗地主	植物大战僵尸	连连看	天天酷跑	天天爱消除	保卫萝卜
男	斗地主	天天酷跑	消灭星星	天天飞车	全民飞机大战	植物大战僵尸
女	斗地主	天天爱消除	消灭星星	开心消消乐	消消乐	天天酷跑

附表63　00后家长最喜欢的平板电脑游戏

年级	第一名	第二名	第三名	第四名	第五名	第六名
幼儿园	斗地主	天天酷跑	天天爱消除	消消乐	保卫萝卜	植物大战僵尸
小学低年级	斗地主	植物大战僵尸	连连看	保卫萝卜	天天爱消除	天天酷跑
小学中年级	斗地主	植物大战僵尸	天天爱消除	天天酷跑	保卫萝卜	连连看

（续表）

年级	第一名	第二名	第三名	第四名	第五名	第六名
小学高年级	斗地主	开心消消乐	天天爱消除	植物大战僵尸	麻将	天天酷跑
初中	斗地主	连连看	天天酷跑	切水果	消灭星星	植物大战僵尸
总计	斗地主	天天爱消除	消灭星星	天天酷跑	开心消消乐	消消乐
男	斗地主	植物大战僵尸	天天酷跑	保卫萝卜	连连看	赛车
女	斗地主	植物大战僵尸	连连看	天天爱消除	天天酷跑	保卫萝卜

三、家庭亲子关系及家庭媒介教育现状

（一）亲子关系

（1）38.8%的00后家长表示不经常陪孩子看电视。而新生代家长更爱陪孩子看电视，比率高达69.0%。（见附表64）

附表64　00后家长是否经常陪孩子一起看电视？

年级	有	没有
幼儿园	69.0%	31.0%
小学低年级	59.6%	40.4%
小学中年级	58.6%	41.4%
小学高年级	61.6%	38.4%
初中	61.0%	39.0%
合计	61.2%	38.8%

（2）在00后的家长看来，初中之前孩子放学后接触最多的人是妈妈，其次是爷爷奶奶、外公外婆。爸爸则在幼儿园（20.7%）和初中阶段（22.3%）接触孩子的比率相对更高。而00后接触同伴的时间则随着年龄的增长而增加。（见附表65）

附表65　00后放学后接触时间最长的人（多选题）

年级	爸爸	妈妈	爷爷奶奶、外公外婆	同学、朋友	保姆	其他
幼儿园	20.7%	56.9%	32.5%	1.6%	0.6%	0.8%
小学低年级	16.5%	60.2%	25.7%	1.7%	1.0%	2.4%

（续表）

年级	爸爸	妈妈	爷爷奶奶、外公外婆	同学、朋友	保姆	其他
小学中年级	17.6%	61.2%	23.9%	2.0%	0.4%	2.0%
小学高年级	18.9%	60.8%	18.0%	3.9%	1.0%	3.7%
初中	22.3%	61.4%	12.2%	8.2%	0.4%	3.1%
总计	18.8%	60.4%	22.0%	3.4%	0.7%	2.5%

（3）55.2%的00后家长表示没和孩子一起玩过电了游戏。但相比较而言，新生代家长和孩子玩游戏的比率要高于年长的家长。（见附表66）

附表66　有没有和孩子一起玩过电子游戏（含电脑、平板电脑或手机上的游戏）？

年级	有	没有
幼儿园	57.0%	43.0%
小学低年级	52.6%	47.4%
小学中年级	48.2%	51.8%
小学高年级	37.0%	63.0%
初中	30.4%	69.6%
合计	44.8%	55.2%

（4）00后家长在QQ中与孩子相互关注的比率最高，为43.9%，其次是微信，微博最少。幼儿园阶段就有10.2%的家长和孩子加了QQ好友、16.4%加微信好友。到了初中阶段，00后与家长在QQ中相互关注的比率上升至66.0%，微信为44.0%。（见附表67）

附表67　有没有和孩子在以下媒介中互相关注或互为好友？

年级	QQ			微信			微博		
	有	没有	没使用	有	没有	没使用	有	没有	没使用
幼儿园	10.2%	78.8%	11.0%	16.4%	74.6%	9.1%	3.0%	83.8%	13.2%
小学低年级	21.3%	64.3%	14.3%	19.8%	66.7%	13.5%	3.6%	74.6%	21.8%
小学中年级	46.9%	42.1%	11.0%	31.5%	57.9%	10.6%	5.4%	68.1%	26.5%
小学高年级	64.9%	26.1%	9.0%	41.0%	44.5%	14.5%	8.4%	52.3%	39.3%
初中	66.0%	23.1%	10.9%	44.0%	39.1%	17.0%	15.8%	41.5%	42.7%
合计	43.9%	44.7%	11.4%	31.0%	55.8%	13.2%	7.4%	62.9%	29.7%

（5）当00后遇到问题时，家长认为孩子会选择向妈妈倾诉的比率最高，为56.8%，其次是爸爸，为19.9%，而老师的影响力较低。随着年龄的增长，孩子在网络上遇到问题后，选择谁也不说的比率快速增长，由幼儿园的9.4%到初中的25.3%。但到初中阶段，选择向同学、朋友和网友诉说的比率上升，特别是同伴的比率（25.1%）超过了爸爸（13.3%）。（见附表68）

附表68　您的孩子在网上遇到让他感到不舒服或很奇怪的内容，他首先会选择和谁说？（多选题）

年级	爸爸	妈妈	老师	同学、朋友	网友（现实生活中不认识）	谁也不说
幼儿园	24.1%	65.6%	2.2%	3.6%	0.3%	9.4%
小学低年级	22.7%	67.0%	2.1%	4.1%	0.6%	7.6%
小学中年级	22.0%	63.4%	1.2%	6.6%	0.3%	9.7%
小学高年级	17.7%	49.2%	1.4%	17.2%	0.8%	16.4%
初中	13.3%	37.6%	1.6%	25.1%	1.3%	25.3%
总计	19.9%	56.8%	1.7%	11.3%	0.7%	13.5%

（6）有79.0%的00后家长认为自己了解孩子在网上干什么。从幼儿园到初中阶段，整体呈上升再下降的趋势，最高点在小学中年级，有85.1%；最低是初中阶段，只有69.4%。（见附表69）

附表69　您了解孩子平时在网上干什么吗？

年级	了解	不了解
幼儿园	79.2%	20.8%
小学低年级	81.4%	18.6%
小学中年级	85.1%	14.9%
小学高年级	78.3%	21.7%
初中	69.4%	30.6%
总计	79.0%	21.0%

（7）当问及了解孩子在网上干什么时，近八成（79.0%）家长表示了解（如表）。但只有47.9%的家长表示知道孩子上网时使用的账号密码，超半数（52.1%）不知道。（见附表70）

附表70 您知道孩子上网（如QQ、网络游戏等）时使用的账号密码吗？

年级	知道	不知道
幼儿园	34.7%	65.3%
小学低年级	56.9%	43.1%
小学中年级	60.0%	40.0%
小学高年级	51.3%	48.7%
初中	33.4%	66.6%
合计	47.9%	52.1%

（二）家庭媒介教育（态度及措施）

（1）大部分家长对孩子上网和玩游戏的态度保持中立（61.6%），但反对上网的家长数量也不少，为51.7%。随着年龄的增长，对孩子上网或玩游戏持反对态度的家长逐渐转向中立。小学高年级的家长支持孩子上网的比例最高，为16.9%。（见附表71）

附表71 家长对孩子上网和玩网络游戏的态度

年级	赞成		反对		不赞成也不反对	
	上网	玩游戏	上网	玩游戏	上网	玩游戏
幼儿园	11.6%	5.0%	28.2%	59.7%	60.2%	35.3%
小学低年级	13.0%	3.9%	29.2%	62.8%	57.7%	33.3%
小学中年级	15.9%	5.7%	24.3%	59.5%	59.7%	34.8%
小学高年级	16.9%	5.2%	18.3%	54.3%	64.8%	40.6%
初中	12.4%	4.4%	20.9%	52.0%	66.7%	43.6%
合计	14.1%	4.8%	24.3%	57.9%	61.6%	37.3%

（2）家长对孩子上网的担忧主要集中在耽误学习（71.5%）、影响视力（68.7%）和接触不良信息（66.1%）这三个方面。（见附表72）

附表72 家长对孩子上网的担忧

年级	耽误学习	接触不良信息	交上坏朋友	影响视力	影响休息	上当受骗	乱花钱
幼儿园	63.7%	68.8%	49.6%	72.0%	40.0%	46.1%	14.5%
小学低年级	70.4%	67.9%	46.8%	67.8%	34.4%	41.8%	13.7%
小学中年级	70.5%	69.0%	48.8%	69.5%	37.4%	42.6%	12.1%
小学高年级	75.2%	65.3%	47.4%	68.7%	37.1%	40.3%	12.5%
初中	78.0%	58.3%	46.9%	65.7%	40.9%	40.7%	14.5%
合计	71.5%	66.1%	47.8%	68.7%	37.6%	42.2%	13.4%

（3）在为孩子配备了手机的家长中，有72.4%会和孩子进行约定，但56.1%是口头约定，只有16.3%会签订约定保证书。（见附表73）

附表73　是否在为孩子配手机时进行约定

年级	有，但只是随便口头上说说	有，我们签订了书面约定保证书	没有进行约定
幼儿园	42.5%	23.9%	33.6%
小学低年级	54.5%	15.9%	29.6%
小学中年级	54.5%	16.9%	28.6%
小学高年级	57.9%	15.8%	26.3%
初中	57.8%	15.7%	26.5%
合计	56.1%	16.3%	27.6%

（4）96.2%的家长没有在金钱上支持过孩子玩游戏，但这一比率却有缓慢下降的趋势，到了初中，有5.8%的家长会给钱让孩子玩游戏。（见附表74）

附表74　家长是否有在金钱上支持孩子玩游戏

年级	有	没有
幼儿园	2.4%	97.6%
小学低年级	2.3%	97.7%
小学中年级	3.8%	96.2%
小学高年级	4.9%	95.1%
初中	5.8%	94.2%
合计	3.8%	96.2%

（5）大部分家长不会去查看孩子的上网记录（73.3%）或QQ聊天记录（70.1%），也不知道孩子的网络账号（52.1%）。其中，家长对小学中年级的00上网行为关注最为密切。（见附表75、76、77）

附表75　是否查看过孩子的上网记录

年级	有	没有
幼儿园	19.7%	80.3%
小学低年级	25.3%	74.7%
小学中年级	27.2%	72.8%
小学高年级	29.0%	71.0%

（续表）

年级	有	没有
初中	26.0%	74.0%
合计	26.7%	73.3%

附表76　是否查看过孩子的QQ聊天记录

年级	有	没有
幼儿园	22.6%	77.4%
小学低年级	28.9%	71.1%
小学中年级	31.6%	68.4%
小学高年级	32.4%	67.6%
初中	27.8%	72.2%
合计	29.9%	70.1%

附表77　是否知道孩子的网络账号（如QQ号、网络游戏账号等）

年级	知道	不知道
幼儿园	34.7%	65.3%
小学低年级	56.9%	43.1%
小学中年级	60.0%	40.0%
小学高年级	51.3%	48.7%
初中	33.4%	66.6%
合计	47.9%	52.1%

（6）有一部分家长会去把控孩子接触的媒介内容，包括安装上网过滤软件（38.3%）和筛选手机和平板电脑内容（38.3%）。（见附表78、79）

附表78　家庭电脑是否安装上网过滤软件

年级	有	没有
幼儿园	39.3%	60.7%
小学低年级	36.8%	63.2%
小学中年级	34.9%	65.1%
小学高年级	37.2%	62.8%
初中	45.0%	55.0%
合计	38.3%	61.7%

附表79　是否为孩子筛选过手机和平板电脑内容

年级	有	没有
幼儿园	45.6%	54.4%
小学低年级	43.6%	56.4%
小学中年级	41.3%	58.7%
小学高年级	33.4%	66.6%
初中	28.0%	72.0%
合计	38.3%	61.7%

（7）面对孩子上网出现的问题（网恋、网络游戏成瘾和浏览色情内容），大部分家长倾向于和孩子谈心，问清楚情况再引导（77.9、63.5%、73.5%）。这一倾向在幼儿园阶段的00后中最为显著（83.7%、70.1%、78.2%）。小学高年级以后，由于升学压力大，因此有更多的家长采取强硬措施，例如禁止孩子再上网，并监控孩子的行为。（见附表80）

附表80　针对孩子上网问题的应对措施（多选题）

年级	应对措施														
	禁止他再上网，同时严格监控孩子的行为			和孩子谈心，问清楚情况再引导			求助于老师			求助于社会机构或专家			不知所措		
	网恋	网络游戏成瘾	浏览色情内容	网恋	网络游戏成瘾	浏览色情内容	网恋	网络游戏成瘾	浏览色情内容	网恋	网络游戏成瘾	浏览色情内容	网恋	网络游戏成瘾	浏览色情内容
幼儿园	12.9%	23.0%	16.7%	83.7%	70.1%	78.2%	2.9%	3.8%	2.5%	2.9%	6.3%	3.2%	1.9%	2.4%	2.6%
小学低年级	16.1%	29.5%	20.5%	79.6%	64.8%	74.0%	3.0%	3.6%	2.4%	2.7%	4.4%	2.8%	1.8%	1.8%	2.6%
小学中年级	17.9%	32.2%	22.2%	78.9%	61.8%	73.8%	2.9%	4.3%	1.8%	3.2%	5.4%	2.9%	1.0%	1.1%	1.9%
小学高年级	21.6%	33.1%	23.4%	73.6%	60.3%	70.8%	2.8%	2.8%	2.0%	2.0%	4.7%	2.8%	3.0%	2.2%	2.3%
初中	21.6%	32.8%	23.5%	73.2%	60.8%	71.1%	3.5%	3.0%	1.9%	2.0%	3.6%	3.3%	1.7%	1.8%	1.6%
合计	18.0%	30.3%	21.3%	77.9%	63.5%	73.5%	3.0%	3.5%	2.1%	2.6%	4.8%	3.0%	1.8%	1.8%	2.2%

附录3：2014年中国城市儿童媒介素养调研访谈实录（节选）

一、家长访谈（节选1）

采访者：我看到问卷上写到，你们的孩子从不玩电脑游戏，是你们控制得比较紧还是他们自己不玩？

五年级女孩母亲：她对游戏不感兴趣，对动漫什么的也不感兴趣。

三年级男孩母亲：从小看到孩子玩的时候，我们就跟他说理，然后他就会选择不玩。但是到了三年级第二个学期，他就听到有些孩子在玩游戏，我就会问："那你觉得那些玩游戏的孩子怎么样？"他就会说："老是喜欢谈论一些游戏，不太好。"所以现在我孩子也不怎么玩电脑游戏。

五年级女孩母亲：我的孩子是有小伙伴过来的时候就陪他们玩，一个人都不怎么玩的。

采访者：那他周末上网吗？

五年级女孩母亲：她书桌旁边就是一台电脑，她有时候功课做完了，偶尔会搜一些她想看的电视、视频，比如说同学推荐的一些连续剧。

三年级男孩母亲：我孩子周末安排得很满，都没有什么时间给他玩电脑。但是三天以上的假期就会玩一下。不过我们都有控制时间。有的时候爱看一些英文影片，这些也是受我的影响。

采访者：您孩子有QQ吗？会在QQ上聊天吗？

五年级女孩母亲：我和她是共用一个QQ的，她同学圈和我朋友圈都加在这里。因为我是全职妈妈，我们平时经常聊天。因为现在孩子进入青春期了，有时候显得有些叛逆，所以就用一个小本子，把我想说的话和她想说的话都写在这里面。

三年级男孩母亲：我孩子没有。

四年级女孩母亲：她放假的时候会使用QQ。与朋友聊天比较多。

采访者：您的孩子用平板电脑干些什么？

三年级男孩母亲：拍照和看视频，像《中国最强音》之类的综艺节目。在三天以上的假期，他偶尔也玩一下游戏。每天大概玩30分钟。

五年级女孩母亲：主要用来听音乐、学英语，还有看视频。

四年级女孩母亲：听音乐、学英语、玩游戏、查资料、看连续剧。偶尔会玩一下游戏。平时都没时间玩。平时她就是边听音乐边吃饭，或者边看连续剧边吃饭。我们的使用率还是很高的。

（各位家长都表示，由于平板电脑移动性强、使用方便，使用率要比台式或者笔记本电脑高。）

六年级家长：电脑主要是给她放松的，只有在作业完成之后吃晚饭之前给一个小时她玩，平时密码都是锁掉的。

六年级男孩母亲：我的孩子现在毕业了，结果就是天天玩游戏。我给他在平板上下了很多学习软件，可是他只知道玩游戏。大孩子现在自己也懂得下载了。我家有手提、有台式、有平板电脑，结果就是关了台式去玩手提，关了手提去玩平板。我觉得真的是影响很大。现在放假了，就规定他每天玩三个小时，他基本上还是遵守。

二年级女孩母亲：我们在广州市少年宫成长空间学过媒介素养班，第一期有关于这方面的引导，所以她可能先入为主，有一个是非观念，应该怎样、不应该怎样。虽然孩子对游戏没办法抗拒，但我们会有一个约定。我说："我很支持你玩，但是前提是你做完其他事情之后才能玩。"但有的时候还是控制不住，本来在平板电脑上学英语、做口算的，一旦我不在旁边，她就开始玩游戏了。但可能现在还小，我们说她她还会听，态度还是挺好的。我想主要还是跟上媒介素养班，给她树立了那个观念有关系。（这位家长觉得相比较游戏，更反对她看电视。因为电视是被动地吸收，没有思考，对孩子的成长是不好的。）

五年级女孩母亲：我们是给孩子放纪录片。她原来玩的游戏也是一些小游戏，现在是受哥哥影响，玩的游戏都是比较高端、成人的大游戏，所以她同学聊的一些游戏她都很不屑的。所以我们对她也没有控制时间。

一年级男孩父亲：喜欢玩什么就玩什么。第一个就是看英文大片，比如说侏罗纪公园。第二个是玩游戏，例如足球之类的，都是一些适合他年龄的，这样才能和同龄人有话题。第三个是听评书，他很爱听评书的，如《三国演义》《隋唐》。玩的话每天不超过半个小时。周末玩有几个原则，和他协商的：第一个是该做的作业做完；第二个是跟老人家、朋友一起吃饭的时候不准玩。

采访者：您觉得您的孩子使用媒介的习惯受谁的影响比较大？

六年级女孩母亲：我觉得学校培养得好。老师会说，放学回到家，休息一会儿，就写作业，写作业需要用电脑了，才能用。

六年级男孩母亲：学校在一开始的时候对孩子的影响还是比较大的。因为现在写作业是离不开媒介的，必须使用媒介来完成。

（那你觉得同龄人的影响大吗？）

二年级女孩母亲：我觉得这个影响是相互的，首先在一二年级的时候，老师们就从正面来引导他们，他们就不会先玩游戏，而是先查资料。所以先是教育得好，然后引导孩子往正面发展，形成一个好的氛围，他们也不会沉迷网络。

采访者：您觉得在电脑方面您懂得多还是孩子懂得多？

六年级男孩母亲：他们在游戏方面肯定比我们强，但是对电脑的整体认识肯定还是我们懂得比较多一点。但是做PPT方面比我们要厉害多了。因为学校搞的是生本教育，小组教学，可能是因为这种教育方式，好多孩子做起PPT来都比我们要厉害得多。而且他们搜集信息的能力很强，前一天布置的作业，第二天小组汇报看到他们搜集的资料非常多，五花八门的，PPT也制作得非常精美。这也可能是我们在他一二年级时注重培养这方面能力的原因。

五年级女孩母亲：我觉得懂的方面不一样。

采访者：您对孩子上网的态度是怎样的？

一年级男孩父亲：肯定要支持。现在的主流是网络，只要能把孩子的生活都填满了，他有高尚的兴趣和爱好，他们就会对游戏嗤之以鼻的，因为那些绝对不是主流。一旦学校、媒体、家长引导得好，他自然会排斥，就会往好的方向走。网络管制一定要好，打开网站那些乱七八糟的东西都弹出来了，这对孩子影响很大的。只要他正确对待这个东西，他就会吸取精华的东西，糟粕的东西虽然会有一点点影响，但是并不太大，关键是要引导得好。

五年级女孩母亲：也和家长有关系，不能说你们自己玩，却让孩子不玩，这就是不对的。家庭教育很重要。

三年级男孩母亲：肯定要支持的，这是社会发展的必然规律。如果一个家长说不准孩子接触网络的话，这个家长一定是失败的。

采访者：您对孩子上网有什么担忧？

一年级男孩父亲：第一是视力影响。第二是会玩物丧志，李敖不是说过嘛，电视是垃圾。电视的确是垃圾，你坐在那里什么都不用做，就是不劳而获，但能进脑的很少。所以现在要恢复一些传统媒体，比如报纸、书之类的，这些信息进脑的百分比比电视多得多。总之一句，传统的要发扬，科技的不能落伍。另外，不能太禁锢他一些青春期的信息，越禁锢他们越想看。如果在读大学之前老是沉迷在这些东西上，你整个人的理想都没有了。像一些优秀的孩子，他们会自己抵制诱惑的，遇到诱惑的话也会及时和家长、老师沟通，但他还没形成自己的世界观。

三年级男孩母亲：适合不同年龄段的东西都找不到，我比较担心这个。

五年级男孩母亲：怕他上瘾。现在他还在我们的视野范围之类，还能控制得住。万一出去读大学了，就完全控制不住了。我现在是把孩子旁边玩的人都往一个方向引导发展，给他多一些兴趣爱好，比如天文地理，让他转移注意力，扩大他的视野，把他们引导出来。只要孩子周边的人都不玩的话，孩子自己也不会玩了。但是我也会给他一个空间让他玩得很尽兴。所以我们家里有一个很大的屏幕，用很专业的游戏设备来玩。我孩子的同学也会过来玩，这样就给他一种成就感。

四年级女孩母亲：我的孩子就是喜欢聊天，她们几个好朋友建了一个群，有空就聊天。平时上网查资料的时候就把QQ挂上，边做作业边聊天，时间就会花得很多。一方面乱七八糟聊一些东西，我又看不到，另一方面做作业的时间太长，晚上拖得时间太长了，从来没有在11点之前睡觉。感觉已经得了强迫症，一定要玩得那么久。所以很担心她个子也长不高，对眼睛也不好。

二、家长访谈（节选2）

采访者：孩子平时用电脑时间多长？

二年级女孩母亲：周一到周五，我们孩子没有时间上网，周末也不常上，因为没有太多时间，大多时间都是培训课、兴趣班，空余时间我们都会一起去户外活动。而且孩子本身对电脑兴趣不大。

三年级女孩母亲：我们也不多，但是我们给她规定一个时间，周日下午给她玩。其他时间不可以玩，因为孩子平时会住校。

采访者：是不是有什么协议或规定？

三年级女孩母亲：没有，给她安排其他的活动，占掉她周末的时间。我们也付出很多时间陪着她。

一年级男孩母亲：周六10点多给他玩一下，使用电脑，看视频，玩游戏都可以。

采访者：孩子有没有QQ？

三年级女孩母亲：有，我给她手机玩。她还很喜欢去游戏厅，但我会陪她去。我给她注册的。要给她释放一下，也不能全管束。

采访者：最喜欢玩的游戏？

一年级男孩母亲：《爆炸三国》，网络游戏。更喜欢玩不联网的帝国时代，因为我和我先生两个人都玩，我们每周末都会玩一次那个游戏，孩子也会和我们一起玩。

二年级女孩母亲：《摩尔庄园》，孩子喜欢把自己的家园建得很漂亮，很有成就感。这种我觉得是培养她的耐心、审美观，我不阻止她。周末做完作业她会拿平板电脑玩。但是我也不会给她玩太长时间，影响视力。她和同学在一块，一人一个平板电脑玩。

三年级女孩母亲：公主类的，我不太清楚是什么名字，给公主穿衣服、养宠物之类的。还有一个电影的游戏，类似《魔境仙踪》的那种，疯狂地跑，拿金币，练速度之类的，还有打斗地主，因为她爸爸也在玩。我觉得执信校风很好，同学之间的影响都很好，环境作用很重要。

采访者：在使用新媒介过程中有没有遇到困扰？怎么解决？

一年级男孩母亲：一开始他会很痴迷，我也不去管，就让他玩。他玩很长时间，超过一个小时了，就会自己和我说，妈妈我眼睛痛，那我就会告诉他，因为你玩太久时间的电脑了，以后就不要玩这么久时间了，就好了。

二年级女孩母亲：没有。我们的孩子还小，没有沉迷。有时候真的遇到很喜欢的游戏，也会和我商量，玩多久，我都允许她。

三年级女孩母亲：我们之前可能有，一二年级的时候，刚有平板电脑的时候很兴奋，很喜欢。她也很会察言观色，知道大家一起吃饭，大人在饭前聊天的时候，她知道我们不会say no，她就捧着平板电脑，就没有小孩子间的正常的那种交流，而且每个小孩都捧着玩。但是我们回家之后，肯定会说她。久了以后，兴趣淡，就好了。

采访者：孩子会用平板电脑等做玩游戏之外的其他事？

一年级男孩母亲：最开始给他买平板电脑就是给他学习用的，一些学习的APP，很有用的。玩游戏的功能是他自己挖掘的。

二年级女孩母亲：用电脑、平板电脑上百度查资料。受我的影响多，像我平时做菜不知道食谱，我就会百度，她看到了之后就学会了。

三年级女孩母亲：我们家里没有网络，我要带她去办公室上网。平时也是只有周末下午和傍晚可以。二年级开始，会去网上找范文。另外，她听到很喜欢听的歌，也会上网搜。还有，平时她遇到什么不懂的，也会上网去查。每周日是最少一个小时，有10～20分钟学奥数，剩下的时间给她自由玩。这样就基本控制了。所以她特别期待周日下午的时间。

二年级女孩家长：我的孩子也有玩一个答题的游戏。我们下载了与中央电视台一个节目类似的答题的APP，她很喜欢玩。

采访者：关于网络、新媒介，您觉得家长和小孩谁了解得多？

一年级男孩母亲：我肯定比他多。他还太小了。

二年级女孩母亲：我比她多。

三年级女孩母亲：我女儿比我多。我工作都不太用QQ。我觉得很浪费时间，我自己用媒介也挺差的，平时就打电话好了。微信都是我女儿要我下载的，不过我现在也开始发现微信还是很好用的。我和她爸之前都不用微信，她爸很忙，我们平时都直接电话。我同事都说我很老土。

采访者：孩子使用网络、新媒介，受谁影响多？

二年级女孩母亲：受同学的影响会大一点。其实像我们家，我女儿会说，妈妈你的微信来了，你的QQ响了。她知道我都有微信、QQ，但是她都没有想要。但是如果她看到同学有什么，她就会要下载，所以会模仿同学多一点。

一年级男孩母亲：我们孩子对我依赖多一点，所以受我的影响大一点。和我待的时间也长一点，比较想模仿我。

三年级女孩母亲：外界，她从哪知道我都不清楚，可能是同学，或者表姐、表哥。

采访者：您孩子上网吗？上网干什么？

四年级女孩母亲：周一至周五因为要练琴较少会上网，周末会上QQ跟朋友聊天。

一般上网都是听听歌，看小说、文章，或是跟朋友聊天。

五年级男孩母亲：在家一般看电视比较多，很少上网。

六年级男孩父亲：在校住宿期间就不是很清楚，周末回家玩得比较多，喜欢用手机上网，或者用电脑看视频、打网游之类的。

采访者：您知道您孩子最喜欢的一款电脑游戏是什么吗？您知道怎么玩这个游戏吗？

四年级女孩母亲：网页小游戏，但不是很了解，没怎么留意。一般给孩子玩的时间比较短，大概10～20分钟。

五年级男孩母亲：喜欢枪战类游戏。

六年级男孩母亲：枪战类的网游游戏，一般都是和同学一起打。

采访者：您知道您孩子最喜欢的一款平板电脑或手机游戏是什么吗？您知道怎么玩这个游戏吗？

四年级女孩母亲：玩小游戏为主，大概知道。

五年级男孩母亲：具体不清楚，大概是枪战类的。每天写完作业玩一小时，但有段时间小孩比较叛逆，写作业的时候也在想游戏。但是我对电脑不是很了解，对着电脑很快头晕，所以也不知道游戏怎么玩。

六年级男孩父亲：主要用电脑玩网络游戏，平板电脑玩得较少，手机主要用来上网，比较少用来玩游戏。

采访者：您有没有和您的孩子一起玩过游戏？具体是哪些？

四年级女孩母亲：没有。

五年级女孩母亲：没有。但孩子玩的时候我在旁边看，希望跟她聊聊天以转移她的注意力，但是孩子会觉得我在旁边看着他不自在。

六年级男孩父亲：没有一起玩，孩子玩的时候陪在旁边。

采访者：您知道孩子的QQ号码吗？您平时有和他进行QQ聊天吗？您会经常上他的空间上看吗？

四年级女孩母亲：知道，也会去空间看看，转发孩子的文章。

五年级男孩母亲：知道，但是比较少用来聊天或上空间看看，一般是看孩子的“说说”比较多。

六年级男孩父亲：知道，会用QQ视频，也常到空间看看，了解孩子的近况。

采访者：您知道孩子的微博地址吗？您有留意他的微博吗？您会经常上他的微博上看吗？

四年级女孩母亲：孩子没开通。

五年级女孩母亲：孩子没开通。

六年级男孩父亲：知道，有留意他的微博内容。

采访者：您知道孩子的微信吗？您有和他通过微信聊天吗？

四年级女孩母亲：孩子没开通。

五年级女孩母亲：孩子没开通。

六年级男孩父亲：知道，会通过微信联系孩子，看朋友圈了解情况，还加了孩子一些朋友的微信。

采访者：您有规定孩子上网、玩游戏的时间吗？是您定的还是和孩子协商得出来的？

四年级女孩母亲：没有规定。孩子经常和小伙伴在户外玩耍，很少会待在家里玩游戏或者上网，所以也没有和孩子规定时间。

五年级女孩母亲：我规定一小时，但是孩子跟我商量后最后定了两小时。

六年级男孩父亲：因为孩子周一到周五都在学校住宿，所以周末放假回家会让他玩久一点。但是孩子前阵子很沉迷于网游，千方百计去抓紧时间玩游戏，我妈和家里的阿姨都反映孩子经常待在房间玩电脑。于是我就想办法把孩子带到户外去活动，少让他待在家里，和几个朋友商量好每周末轮流带我们几家的孩子出去活动，另一方面，我将Wi-Fi设在了自己的房间，由我来设定Wi-Fi密码，限制孩子上网。

采访者：您对孩子上网的态度是怎样？您主要担心什么？是怎样解决这种担忧的？在解决的时候有过冲突吗？

四年级女孩母亲：目前基本不会担心网络给孩子带来沉迷等负面影响，只是担心孩子上网加的QQ好友不是善类，怕对孩子说一些低俗的话，或者是上网的时候弹出的不良信息，所以我都教孩子如果有QQ好友说了一些不好的话就把他拉进黑名单，关掉弹出来的不良信息的窗口。

五年级女孩母亲：一方面怕孩子下载过多的游戏来玩，沉迷于游戏之中。另一方面，也怕不良信息突然弹出窗口来后孩子去点击，让孩子变得叛逆，父母一管教严格孩子就把父母看成是仇敌。所以我跟孩子协商了一下，两天时间任他玩电脑、平板电脑、手机，完全不限制她，然后再用两天的时间和我一起读《圣经》、祷告等，然后对比这四天的不同。之后孩子自己告诉我说，觉得一直玩电脑那两天自己整个人都变了一样，也觉得好累，但是跟妈妈一起读《圣经》那两天觉得很宁静，整个人都不会像之前那样烦躁。后来孩子自己对电脑、平板电脑都不再那么沉迷了，知道玩太多不好。

六年级男孩父亲：怕孩子对网络游戏沉迷，另外怕加进了不良的群组或联盟，像“世界末日”这些。

采访者：您对孩子玩手机或平板电脑的态度是怎样？您主要担心什么？是怎样解决这种担忧的？在解决的时候有过冲突吗？

四年级女孩母亲：孩子不怎么玩，对这个问题不担心。

五年级女孩母亲：我一开始是跟孩子协商好只能玩一小时，后面她就跟我商量调成两小时，但是孩子在玩平板电脑的时候就像变了个人似的，眼神都变得很不一样，对外界的刺激没任何反应。对小孩子来说，平板电脑这些设备还是少用点，因为孩子用不到点子上，只用于娱乐。但是这个大环境对孩子的影响我们没有办法控制，一旦控制太严格孩子容易走上绝路，已经有几例孩子自杀的惨剧发生了。

六年级男孩父亲：我认为一开始就不应该把平板电脑拿给小孩玩，小孩的控制力比较差，很多游戏的设置都是针对孩子的特质来设计的，很容易让孩子一开始就很专注，慢慢就变得沉迷。

三、儿童访谈（节选1）

采访者：你觉得游戏最吸引你的地方是什么？

六年级男孩：玩游戏嘛，就是一种爽感。不过别人玩游戏剧情一眼都不看，但是对于游戏里人物说的话，我每一句都会看的。

采访者：你爸爸妈妈对你玩游戏的态度是怎么样？

六年级男孩：只要控制好自己就行了。

采访者：你怎样控制好自己？

六年级男孩：就是不要太迷恋，该学习的时候学习，该玩的时候玩。反正管好自己的学习就没问题了。

采访者：你这个玩游戏的时间是和爸妈商量协定的还是自己决定的？

六年级男孩：是自己决定的。

采访者：你怎样看待网络游戏？

六年级男孩：就是给自己一个娱乐的平台。

采访者：你周围有很多朋友玩吗？

六年级男孩：是，但是有一些玩得太沉迷了，把自己当成了游戏里面的角色，开始模仿它。

采访者：你有QQ吗？用来干什么？

六年级男孩：有，是四年级的时候开通的。与朋友聊天，或者组队玩的时候沟通联络。

采访者：你觉得哪种媒介说的话最可信？

六年级男孩：我觉得他们每个说的话都不一定可信，我一般都不会去相信。

采访者：就是不管是网络还是报纸、电视都不会去相信？

六年级男孩：嗯，你说你上网站突然弹出一个东西，你会去相信吗？

采访者：你觉得你上网比爸爸妈妈厉害吗？

六年级男孩：这是当然的，虽然家长有时候会有些逞强。

采访者：会觉得比老师厉害吗？

六年级男孩：那也是当然的。

采访者：你有哥哥姐姐吗？上网比他们厉害吗？

六年级男孩：说不准，游戏可能会比他们厉害一点。

采访者：你使用媒介的习惯受谁的影响比较大？

六年级男孩：我觉得都有，主要是自己，我会去看哪个软件用得比较多，就去用一下，如果不好用我才不会去用呢。有的时候看一下关于这个软件的视频就知道这个软件好不好用了。

采访者：你们上网干什么？

异口同声：玩游戏、聊天。

一年级男孩：我还有一点，总喜欢上网交朋友，然后在平板电脑上下五子棋。

采访者：你们上网玩什么游戏？

五年级男孩：玩《穿越火线》和《我的世界》。

一年级男孩：《爆炸三国》。

四年级女孩和三年级女孩：4399小游戏和7K7K小游戏，就是两个人一块闯关的那种。

（那4399玩的什么游戏？）

四年级女孩和三年级女孩：玩两个人对战的游戏，比如《魔境仙踪》。

采访者：那你一周会玩几次？

五年级男孩：我写完作业就玩。周末比较多，周五晚上熬夜写完作业，然后周六早上先睡个懒觉，然后就一直玩到晚上，周日也是这样子。

一年级男孩：我一周会玩两到三次。

（那一次会多久时间呢？）

一年级男孩：一个多小时，有时候可以玩两到三个小时，如果打得激烈一点，就可能打三个小时以上。

四年级女孩：有空就玩，一周会玩一到两次，一次会玩一个小时。

三年级女孩：也是一到两次，一次会玩三十多分钟。

采访者：那你玩游戏有投钱进去吗？

五年级男孩：有啊，一年十块，买了两年。

其他人：都没有。

采访者：你有通过网络认识新朋友吗？有多少个？

五年级男孩：有，现在已经两百多个了。因为我有三个QQ。

（你是通过QQ还是游戏加的他们？）

五年级男孩：都有，游戏有五十多个，QQ就有两百多个。大部分是他们加我，小部分是我加他们。

（那你为什么会加他们？）

五年级男孩：因为我们合作了很久，比如玩《穿越火线》的时候一直组队。

（那你有和一些网友经常交流吗？）

五年级男孩：是的，尤其是打CS的时候，我们就会在基地里面讨论要怎样打。

（那你怎么认识他们的？）

五年级男孩：有一个旋风猴，我跟他聊天的时候，发现他就住我家楼下，然后我们就一块玩电脑，还一块去游泳、吃饭。这是我在网络上认识的第一个好朋友。还有一个美国人，他不懂中文，还是他的管家帮忙翻译的。我还和他见过面呢。我跟我妈一块去的，不过来回是我自己坐飞机来回的。我们是在美国见的面。

（你跟多少个网友见过面？）

五年级男孩：两百多个大概都见过。有些是真人见面，有些是视频见面。

（那你爸妈愿意你加网友吗？）

五年级男孩：有时候愿意，有时候不愿意。

（你有背着你爸爸妈妈去见网友吗？）

五年级男孩：有过，不过只有一两次而已。

（是大人小孩都有吗？）

五年级男孩：大人没有，都是小孩。

一年级男孩：都是朋友加我，不是我主动加的。我现在已经有七百多个网络游戏朋友。不过那个网络游戏已经卡机了，只能玩离线的。

（你会和朋友聊些什么？）

一年级男孩：就关于日常生活的事情。比如说，你还好吗？你今天做了些什么？你今天怎么样啊？你还可以吗？你吃过饭吗？

采访者：游戏最吸引你的地方是什么?

五年级男孩：有一种游戏很吸引我，是我在外面受了委屈，被别人骂的时候，我就会在4399里面查个游戏，《大便超人》。然后把那个靶子取成那个人的名字，狂发大便。杀人也很爽。杀人的名字是自定的，就把名字定成我讨厌的那个人的名字，然后我就杀杀杀，那个人就挂了。

一年级男孩：有个游戏我刚开始觉得不好玩，后来又觉得特别好玩，就连续玩了两年，所以总共已经玩了四年了。我今年8岁。后来我又下了一个游戏，那个更吸引人，不停地扔手雷，用传说中的武器。

采访者：你是和别人一块玩吗?

四年级女孩：我自己控制两个。

（为什么要一个人控制两个？）

四年级女孩：因为没人陪我玩。

（那你有和爸爸妈妈一块玩吗？）

四年级女孩：没有。

三年级女孩：我有时和朋友一块玩，有时候一个人控制两个。

采访者：那你爸爸妈妈对你玩游戏是个什么样的态度?

五年级男孩：高兴的时候就不反对，不高兴的时候就不让我玩。

一年级男孩：无所谓，有时候让我玩，有时候不让我玩。我爸妈玩就一个多小时，我玩就两个多小时。

四年级女孩：不会。我跟我妈妈说我想玩，我妈妈就会给我安排一下。

三年级女孩：只要不玩太长时间，爸妈都不会反对的。

采访者：你有QQ吗?

五年级男孩：我有三个QQ，一年级一个，二年级一个，三年级一个。

一年级男孩：没有，我爸不让我用QQ，不过我妈准备给我申请一个。

四年级女孩和三年级女孩：有。

采访者：你上QQ干些什么?

五年级男孩：聊天，玩QQ宠物、QQ农场。

三年级女孩：一般不上QQ玩游戏。

（那会聊天吗？）

三年级女孩：会和同学聊天，有时候也会和在QQ上认识的新朋友聊天，如果在线就聊。

四年级女孩：我四年级后会和同学或者不在家里的家人聊天。

采访者：你觉得媒介传递的信息是真的还是假的？

五年级男孩：我觉得有些是真的有些是假的。上次我被电视骗了，我参加一个电视答题抽奖的游戏，说是奖PSP的，哪知道收到后是个套圈圈的东西，那时候我气死了。

（那你觉得哪个媒介说的话比较真实？）

五年级男孩：电脑里说的话比较真实。因为我在电脑里面订购的东西，都是真的。

一年级男孩：我觉得是电脑，还有电梯里面挂的广告，还有电视上和报纸上的。

四年级女孩：电脑说的话最真，因为QQ里面都是我比较信任的人，所以我相信他们说的话。

采访者：你觉得关于电脑的东西谁懂得多？

异口同声：爸妈和老师懂得比较多。

采访者：你有微博和微信吗？

五年级男孩：有啊，我一般在微博上说：某些人比较烦。就是类似于骂人的话。因为我班上有人关注了我嘛，比如说王××，我在微博上就会说：姓王的你很烦，我给你取了一个外号叫×××。

四、儿童访谈（节选2）

采访者：你上网最喜欢干些什么？

五年级男孩：看视频（在问看什么视频的时候，他说，这涉及隐私问题，拒绝回答，在采访者的解释下才说）。我喜欢看八卦新闻、《活佛济公》。玩游戏不算多，一般玩拳王，我一般一个人玩，要不和哥哥玩。

一年级男孩：上网玩游戏，《洛克王国》、《赛亚号》之类的。一个星期玩两次，一次一个小时。我加了一个网友，在《洛克王国》里面认识的。

六年级女孩：上网看韩国的综艺节目，如《我们结婚了》《强心脏》《你好》，上微博、上QQ、搜图片。周末会玩，一次玩一到两个小时。四年级之前还玩一些游戏，四年级之后就觉得无聊，开始追星（Super Junior）就不玩了。

二年级女孩：玩网络小游戏，一周两次，一次一个小时。

三年级女孩：玩网络小游戏，目前我喜欢玩《盒子世界》，上开心农场，偶尔上一下QQ。

采访者：你们都有QQ吗？是自己申请的吗？

三年级女孩：我自己创建的。

五年级男孩：我爸妈帮我申请的，不过密码被我改了。

一年级男孩：一个是我姐姐帮我申请的，一个是我妈妈帮我申请的。平时我两个QQ都上，加的人也是一样的。

六年级女孩：三年级的时候一个好朋友帮我申请的。里面主要加一些和我兴趣相同的同龄人、同学和家人。有一些是网友，有十多个，我们先在微信或者微博上聊一聊，觉得可以就加QQ。不过我没有跟网友见过面。我跟他们只聊明星。

二年级女孩：爸爸妈妈帮我申请了，不过我都不上QQ。

三年级女孩：我是自己申请的。我在QQ上加的要不是同学就是家人。

采访者：你们有没有QQ空间？微博呢？

三年级女孩：一般上QQ就会玩QQ空间。

五年级男孩：我会在QQ空间上转发一些八卦新闻，比如一些很搞笑的东西。

六年级女孩：我一般都是看别人"说说"，自己很少发。我现在发东西主要是在微博上，微博同学比较多。看到一些好玩的就转发，如果遇到一些有趣的事情就图片带文字发布出去。（你都关注哪些大V？）都是一些韩国明星，像Super Junior、EXO、Big Bang、玄彬、李敏镐。（你追韩剧吗？）很少追，一般都是等到全部出完了，我再来看，一般在手机上看。有的时候在家里看，有的时候离线下载好了，看完再删掉。

五年级男孩：我也有微博，不过是我妈偷偷帮我申请的，又以我的名义发东西。

一年级男孩：我妈说我有，不过我不知道是新浪还是腾讯的。（这时五年级男孩说，爸妈的话都不可信。）

二年级女孩：我不知道有没有。

三年级女孩：我以前创建过一个，不过我不知道成功了没有。

采访者：你玩网络游戏有投入过金钱吗？

六年级女孩：投过一次，十块钱。是玩《洛克王国》。我爸给我买的，当作圣诞礼物。

采访者：你爸妈有规定你玩游戏的时间吗？

六年级女孩：一般家里人只让我玩一个小时，但是如果她忘记了我就接着玩。不过电脑很少用，一般都是用手机，所以也没办法规定时间。

五年级男孩：看我自己的心情。不高兴的时候就在电脑面前玩两个小时，高兴的时候也在电脑面前玩两个小时。爸爸妈妈平时不给我玩。

一年级男孩：我妈妈规定的，一个星期玩两次，一次玩一个小时。

二年级女孩：我爸妈说最多只能玩一个小时。超过时间就不能玩。

三年级女孩：没规定。如果不管的时候，就会玩一天的电脑游戏。现在因为近视了，爸妈就开始管了。家里的电脑设了密码，我想玩也玩不了啊。

采访者：你有手机吗？是智能机吗？会拿手机上网吗？

五年级男孩：有，是智能机。经常拿手机上网。

六年级女孩：我经常用手机，一般都在用手机上。

一年级男孩：有，但是没用。

二年级女孩：有，没用过。

三年级女孩：没用。

采访者：你们有平板电脑？

三年级女孩：我喜欢用平板电脑上网，电脑是固定的，不能移动。

五年级男孩：手机也是移动的，我喜欢手机。

一年级男孩：我一般在平板电脑上玩《摩尔庄园》《洛克王国》。台式机很慢，所以不想用。

采访者：你觉得哪种媒介可信度比较高？

五年级男孩：报纸和广播。凤凰网的东西比较真实。

六年级女孩：电视上的一些新闻。网络的消息不太可信。尤其是一些网友，喜欢编造一些东西来求人气，比如说一些铭心的贴吧。

采访者：你觉得在上网方面是你厉害还是爸爸妈妈厉害?

五年级男孩：我比爸爸妈妈厉害，比如断网的时候，他们都不会如何重新连接。

一年级男孩：爸爸妈妈。

六年级女孩：玩手机的话肯定是我厉害，但是制作PPT之类的，还是我爸比较厉害。

二年级女孩：我爸爸比较厉害，我比我妈妈厉害一点。

三年级女孩：我觉得差不多。如果我不懂的就跟爸妈学，爸妈不懂的就跟我学。

采访者：你在上网方面与爸妈有过争执吗?

六年级女孩：在刚开始有手机的时候，我妈老过来问我，我就觉得有点不耐烦，就跟她有争执了。因为有些东西就是不想告诉她。

五年级男孩：有争执过。我跟我妈吵架就觉得她没有时间观念。一方面说睡醒就给我玩，一方面我睡醒了又不给。

采访者：你们使用媒介的习惯受谁的影响比较大?

六年级女孩：上QQ是受朋友的影响。看综艺是受网友的影响。追星是受我姐的影响，她介绍我看《我们结婚了》，我觉得很好玩，慢慢开始接触到了韩国的F（x）、2PM之类的团体。

五年级男孩：群众的影响。

一年级男孩：忘记了。

二年级女孩：自己想玩就玩的。一些电脑的技能是我妈妈教我的。

附录4：2014年中国城市儿童媒介素养状况调查问卷使用指南

尊敬的老师：

您好！非常感谢您参与本次调研。本次调研的主要目的是为了全面了解目前国内主要城市儿童的媒介接触、使用和素养等状况。调研的结果对于今后全国青少年宫系统开展相关教育工作具有非常重要的意义。我们衷心希望您能依据指南认真、细致、按时、保质地做好派发、填写、回收问卷和访谈工作，以便使本次调查工作能够顺利完成。以下为指南的具体内容：

第一部分：调查问卷派发及回收说明

一、问卷派发

按照分层抽样的要求，课题组要求每个城市的调研对象分为四个年龄段：幼儿园阶段（该阶段只须针对家长进行问卷调查，不用进行儿童调查）、小学低年级（一至二年级）、小学中年级（三至四年级）、小学高年级（五至六年级）以及初中一至二年级。在这四个年龄段各派发100份家长以及儿童调查问卷。

据统计，本次调研每个城市调研员共须派发和回收家长问卷500份、儿童问卷400份。小学以及初中的问卷、家长与儿童问卷需要互相匹配，要求找同一个家庭去完成该套问卷。

	家长问卷	儿童问卷
幼儿园	100	0
小学低年级（一至二年级）	100	100
小学中年级（三至四年级）	100	100
小学高年级（五至六年级）	100	100
初中	100	100
合计	500	400

二、问卷填写

1. 幼儿园阶段的问卷只须派发给家长进行填写。

2. 根据课题组前期进行的试测，小学一至二年级的学生需要20～25分钟完成答卷，要特别说明的是，由于该年龄段的学生认字较少，需要老师一题一题地读出来，指导学生填写；必要时还要进行讲解，比如什么是“媒介”、什么是“色情暴力内容”等。

3. 小学三至四年级需要15～20分钟完成答卷。

4. 小学五至六年级需要10～15分钟完成答卷。

5. 初中一至二年级需要10分钟完成答卷。

三、问卷填写说明

1. 匿名填写：这份问卷不记姓名，绝对不会泄露个人隐私，请同学和家长们安心作答。

2. 及时释疑：在课堂中填写，可提醒学生，如遇到不明白的题目要及时提问。

3. 避免乱填：在试测中，曾出现学生在填到问卷最后几题时，因缺乏耐心等原因快速乱填的现象，因此请调研老师务必在看到学生填到最后几题时，提醒学生看清题目认真填写。

4. 认真检查：在学生填写完后，提醒学生不要马上交卷，而是要求他们检查一遍问卷，看有没有漏题，或者答错的题目。比如是单选题，却勾了一个以上的选项。或是有的题目注明不能超过三项，却勾了超过三项。

5. 查缺补漏：学生交卷后，调研老师再帮助学生检查一遍有没有漏填错填。务必填写完整，避免无效问卷。

第二部分：深度访谈问卷说明

一、访谈对象（共15人）

1. 幼儿园学生家庭一组（孩子、妈妈、爸爸各一次访谈）。

2. 小学一至二年级学生家庭一组（孩子、妈妈、爸爸各一次访谈）。

3. 小学三至四年级学生家庭一组（孩子、妈妈、爸爸各一次访谈）。

4. 小学五至六年级学生家庭一组（孩子、妈妈、爸爸各一次访谈）。

5. 初中学生家庭一组（孩子、妈妈、爸爸各一次访谈）。

- 每一组访谈，孩子、父亲、母亲都要参加。
- 三者的访谈需要分开进行，不能互相干扰。

二、访谈前的准备

1. 环境：安静的课室。

2. 设备：访谈问卷、笔、录音笔。

三、访谈流程

1. 介绍本次课题。

2. 开始进行访谈。

说明：一家三口的访谈过程需要分别进行，相互间不能影响。

3. 根据问卷内容逐题与被访者沟通。

说明：儿童在被访过程中如遇到不懂的问题，老师进行解答。

4. 访谈用时一般在30分钟左右，低年龄的学生用时可能会长些。

5. 访谈结束后，可邀请一家三口坐下来聊一下彼此的感受。

6. 录制结束后，请老师检查音频及资料是否保存好，确认后，可结束本次访谈。

7. 五组访谈全部完成后，请把资料快递到广州课题组，由课题组进行整理。

第三部分：调研资料整体回收说明

1. 调研问卷：请把填写后的儿童问卷400份、家长问卷500份，整理打包后，在2014年××月××日前以快递的形式快递（到付）到广州。

2. 深度访谈：请把填写后的深度访谈资料，合共15份，整理打包后，在2014年××月××日前以快递的形式快递（到付）到广州。

深度访谈资料格式说明：

访谈问卷：请在每一份深度访谈问卷的右上角写清楚【城市—年龄段—访谈

者】，如受访者是广州的一位小学四年级的妈妈，则该访谈问卷首页需要注明【广州—小学中年级—妈妈】。同时该受访者的录音，也需要以这个格式进行命名。

3. 问卷质量要求：

（1）有效性：我们规定，本次调研，一份问卷错填漏填题目占总题目的10%以上，该问卷视为无效问卷。

（2）回收率：一个城市的每个年龄段的有效问卷回收率要在90%以上。

（3）有效问卷不足可补充：如果调研老师在最后检查相关问卷时发现该城市回收的有效问卷数没有达到规定数量，请通知我们补充问卷，必要时，可以对某个年龄段的问卷进行重新派发工作。

（4）统计时发现大量废卷需要重做：如果某个城市的有效问卷低于60%，则该城市的整个调研视为无效，需要重做。

（5）调研实施的可操作性保证：根据我们之前的调研经验，如果老师能按调研指南要求提前说明，及时提醒学生，回收后仔细检查，上面所说的回收率是可以保证的。

附录5：2014年中国城市儿童媒介素养状况调查问卷

一、儿童媒介素养状况调查问卷（儿童篇）

亲爱的同学：

在我们的生活中，有书籍、报刊、电影、电视、广播、网络，还有手机和平板电脑，这些媒介让我们的生活变得丰富多彩。这份问卷就是调查你和媒介之间的亲密关系。通过调查，我们将了解到同学们在使用媒介中有什么收获，碰到什么问题。我们会帮助同学们更好地利用这些媒介，丰富生活，促进学习。我们保证对你的答卷严格保密，绝对不会泄露你的个人隐私。请在你认为适合的答案选项上打“√”，如实填写，不漏答题目。谢谢你的参与！（本问卷中没有特别标明多选的问题都是单选题，即只选一个答案。）

1. 你读几年级？

A. □小学一年级

B. □小学二年级

C. □小学三年级

D. □小学四年级

E. □小学五年级

F. □小学六年级

G. □初中一年级

H. □初中二年级

2. 你的性别？

A. □女

B. □男

3. 平时放学后你接触时间最长的人是谁？

A. □爸爸

B. □妈妈

C. □爷爷、奶奶、外公、外婆

D. □同学、朋友

E. □保姆

F. □其他

4. 你最喜欢哪些媒介？（多选）

A. □报刊

B. □广播

C. □电视

D. □电脑（台式电脑或笔记本电脑）

E. □课外书

F. □手机

G. □平板电脑（含iPad等）

H. □其他______________（请注明）

5. 你几岁开始拥有自己的QQ？

A. □_________（请填写年龄）

B. □我没有QQ

6. 你最喜欢使用的交流方式是？

A. □面对面

B. □QQ

C. □微信

D. □手机短信

E. □电子邮件

F. □在网络游戏（如《摩尔庄园》《奥拉星》《赛尔号》等）中与别人联系

G. □微博

H. □手机打电话

I. □固定电话

7. 你平均每个月去电影院看多少次电影？

A. □0次

B. □1次

C. □2次

D. □3次或以上

8. 你平均每个月看多少本课外书？

A. □0本

B. □1～2本

C. □2～4本

D. □5本或以上

9. 你平均每天看多长时间电视？

A. □我不看电视

B. □10分钟以内

C. □10～30分钟

D. □30～60分钟

E. □60分钟以上

10. 你有没有关注微信上的公众号？

A. □有

B. □没有

11. 你加入了多少个QQ群？

A. □0个

B. □1～5个

C. □6～10个

D. □11个或以上

12. 你有没有在QQ或微信中和爸妈互为好友（或相互关注）？

A. □有

B. □没有

C. □我没使用QQ或微信

13. 你通常会用电脑（台式或笔记本电脑）做什么？（多选）

A. □听音乐

B. □玩游戏

C. □上网浏览/查找信息

D. □使用QQ

E. □使用微博
F. □看电子书
G. □看视频（电影、电视剧、卡通片）
H. □我没接触过电脑
14. 你通常会用平板电脑（如iPad等）来做哪些事情？（多选）
A. □打电话
B. □发短信
C. □用微信
D. □听音乐
E. □玩游戏
F. □上网浏览/查找信息
G. □使用QQ
H. □使用微博
I. □看电子书
J. □看视频（电影、电视剧、卡通片）
K. □拍照
L. □我没接触过平板电脑（如iPad等）
15. 你通常会用手机来做哪些事情？（多选）
A. □打电话
B. □发短信
C. □用微信
D. □听音乐
E. □玩游戏
F. □上网浏览/查找信息
G. □使用QQ
H. □使用微博
I. □看电子书
J. □看视频（电影、电视剧、卡通片）
K. □拍照
L. □我没接触过手机

16．你最喜欢的动漫形象是什么？

____

17．你最喜欢的电子游戏是什么？

A．□无所谓，有得玩就好

B．□儿童网络游戏（《赛尔号》《奥拉星》等）

C．□网页小游戏（7K7K，4399等）

D．□大型网络游戏（《魔兽世界》《穿越火线》等）

E．□棋牌类游戏（飞行棋、三国杀等）

F．□社交类游戏（QQ农场等）

G．□我不喜欢玩电子游戏

18．你最喜欢在手机上玩的游戏是什么？请写出游戏名字

____

19．你最喜欢在平板电脑（如iPad等）上玩的游戏是什么？请写出游戏名字

____

20．你周末（包括周六及周日两天）使用电脑、手机、平板电脑等电子媒介的时间大约多久？

A．□30分钟以内

B．□30～60分钟

C．□1～2小时

D．□2小时以上

E．□从来不使用

21．你玩网络游戏付钱买点卡的钱是从哪来的？

A．□问家里人拿

B．□找同学、朋友借

C．□我玩游戏从来不花钱

D．□我从来不玩网络游戏

22．你在网络游戏中加入过多少个联盟、工会或组织等网上虚拟社团？

A．□0个

B．□1～5个

C．□6～10个

D．□11个或以上

E. □我不玩网络游戏

23. 你几岁拥有手机？

A. □________（请填写年龄）

B. □我没有自己的手机

24. 爸妈给你配手机的时候，有没有进行过约定（如约定玩多长时间、不能看哪些内容）？

A. □有，但只是随便口头上说说

B. □有，我们签订了书面的约定保证书

C. □没有进行约定

D. □我没有手机

25. 你玩的手机、平板电脑（如iPad等）里的游戏是谁帮你下载安装的？

A. □自己选择，爸妈帮我安装

B. □自己选择，自己安装

C. □爸妈帮我安装好，直接给我玩

D. □我不喜欢玩手机、平板电脑游戏

26. 你知道爸妈的手机或平板电脑（如iPad等）的密码吗？

A. □我知道密码

B. □我不知道密码，每次使用都要问爸妈

C. □我爸妈的手机或平板电脑（如iPad等）没有设置密码

D. □我平时没有使用爸妈的手机或平板电脑（如iPad等）

27. 你的陌生网友（现实生活中不认识的人）是怎样认识的？

A. □别人主动加我认识的

B. □电脑或手机的设置自动弹出来让我加的

C. □我主动搜索加别人的

D. □我没有网友

28. 如果有陌生网友（现实生活中不认识的人）约你见面，你会怎么做？

A. □直接去

B. □问一下爸妈再决定

C. □和同学、朋友聊一下再决定

D. □不去

29. 你有没有在QQ、微博、微信等社交媒体上结交过陌生网友（现实生活中不认

识的人）？

A．□有

B．□没有

30．如果你找爸妈要手机或平板电脑（如iPad等）玩，他们怎样答复?

A．□直接给，不会有任何限制

B．□看情况才给，比如要先完成作业

C．□会约定好玩的时间或内容

D．□我有自己专用的手机或平板电脑（如iPad等），不需要问父母拿

E．□爸妈从来不准我玩手机或平板电脑（如iPad等）

31．在上网方面你觉得谁懂得更多?

A．□爸妈懂得比较多

B．□我比爸妈懂得多

C．□不知道

32．在生活中遇到不懂的问题，你会先去问谁?

A．□老师

B．□爸爸

C．□妈妈

D．□同学、朋友

E．□上网找答案

33．你在学习中遇到困难时首先想到的是?

A．□上网搜索答案

B．□查字典或相关书籍

C．□问爸爸

D．□问妈妈

E．□问同学、朋友

F．□问老师

34．使用台式电脑、平板电脑或手机等电子产品遇到问题时（比如电脑开不了机），你通常会求助于谁?

A．□老师

B．□同学、朋友

C．□爸爸

D. □妈妈

E. □自己看说明书或上网找方法

F. □从未遇到过问题

35. 在网上遇到让你感到不舒服或很奇怪的内容，你首先会选择和谁说？

A. □爸爸

B. □妈妈

C. □老师

D. □同学、朋友

E. □网友（现实生活中不认识）

F. □谁也不说

36. 你曾经在什么媒介上接触过色情或暴力的内容？（多选）

A. □视频网站

B. □动漫网站

C. □游戏网站

D. □QQ空间

E. □百度贴吧

F. □QQ

G. □我从来没遇到过

37. 如果你在上网时遇到要求你填写真实资料（姓名、电话、地址等），你会怎样做？

A. □直接填

B. □咨询父母的意见

C. □我从来不填

38. 你曾经在网上发表或上传过以下哪些内容？（多选）

A. □文章

B. □图片

C. □声音

D. □视频

E. □我不喜欢在网上发表任何东西

39. 你在微博、微视、美拍、唱吧等应用（APP）或者网站上，有自己的粉丝吗？

A. □有

B．□没有

40．你最喜欢在微信朋友圈、微博、QQ空间、百度贴吧等社交媒体上做的事情是？

A．□了解同学、朋友的情况

B．□了解自己喜欢的动漫、明星、游戏的情况

C．□和大家分享自己的喜、怒、哀、乐

D．□我不使用

41．你有没有试过被同学、朋友在网上恶搞（比如把你很丑的照片放在微博、QQ空间、微信朋友圈中并骂你）过？

A．□有

B．□没有

42．如果你在网络上被别人骂，你会怎样处理？

A．□不理他

B．□骂回去

C．□告诉家里人或老师

D．□向管理员举报或投诉

43．如果你在QQ上收到陌生人的留言，说你中了10Q币，需要打电话去兑奖，你会怎样做？

A．□马上打电话过去兑奖

B．□告诉爸妈、老师、朋友

C．□不理他

44．如果有消息说你家附近将要发生地震，你会怎么样？

A．□马上转发或告诉别人

B．□查一下其他网站的相关信息确认真实性

C．□问一下爸妈或者老师消息的真假

D．□不理会

45．你爸妈在家经常使用以下哪些媒介？（多选）

A．□报刊

B．□广播

C．□电视

D．□电脑

E．□手机

F. □平板电脑（如iPad等）

G. □书籍

H. □我不知道

46. 你爸妈在家上网喜欢干什么？（多选）

A. □使用QQ

B. □使用微博

C. □使用微信

D. □玩网络游戏

E. □网上购物

F. □我不知道

47. 爸妈对你上网是什么态度？

A. □支持

B. □中立

C. □反对

48. 你觉得爸妈了解你平时在网上干什么吗？

A. □了解

B. □不了解

49. 长大后，你最想干什么？

A. □当老师

B. □当官

C. □当科学家

D. □当老板

E. □当明星

F. □当专家（律师、医生、工程师等）

G. □当运动员

H. □当工人/农民

I. □当军人（警察等）

J. □当作家/艺术家

K. □其他____________

L. □不清楚

50. 你最喜欢的偶像是谁？（只写一个）

二、儿童媒介素养状况调查问卷（家长篇）

尊敬的家长：

在我们的生活中，有书籍、报刊、电影、电视、广播、网络，还有手机和平板电脑，这些媒介让少年儿童的生活变得丰富多彩。这份问卷就是调查您和孩子与媒介之间的关系状况，以便我们今后更好地教育少年儿童合理地利用媒介，健康地使用媒介。我们保证对您的答卷严格保密，绝对不会泄露个人隐私。请在您认为适合的答案选项上打"√"，如实填写，不漏答题目。谢谢您的参与！（本问卷中没有特别标明多选的问题都是单选题，即只选一个答案。）

1. 您是：
A. □爸爸
B. □妈妈
2. 您的年龄：
A. □25岁以下
B. □25～30岁
C. □31～40岁
D. □40岁以上
3. 您的学历：
A. □高中或以下
B. □大学（含大专及本科）
C. □硕士（研究生）或以上
4. 您的家庭月收入：
A. □5000元以下
B. □5000～10000元
C. □10000～20000元
D. □20000元以上
5. 您的孩子读几年级了？

A．□幼儿园

B．□小学一年级

C．□小学二年级

D．□小学三年级

E．□小学四年级

F．□小学五年级

G．□小学六年级

H．□初中一年级

I．□初中二年级

6．您孩子的性别：

A．□男

B．□女

7．您觉得孩子的成绩在班里属于以下哪种类别？（幼儿园孩子家长可不填本题）

A．□优

B．□良

C．□中

D．□差

E．□不清楚

8．您的孩子放学后接触时间最长的人是谁？

A．□爸爸

B．□妈妈

C．□爷爷、奶奶、外公、外婆

D．□同学、朋友

E．□保姆

F．□其他

9．您的孩子几年级开始使用以下媒介产品？请在对应的空格上打“√”。

	幼儿园	一年级	二年级	三年级	四年级	五年级	六年级	初中	不使用	不知道
使用百度										
使用QQ聊天										
使用QQ空间										
使用微信										
使用微博										

（续表）

	幼儿园	一年级	二年级	三年级	四年级	五年级	六年级	初中	不使用	不知道
上网看视频										
玩电脑（台式或笔记本电脑）游戏										
玩平板电脑（如iPad等）及手机游戏										

10. 您的孩子平均每个月去电影院看多少次电影?

A. □0次

B. □1次

C. □2次

D. □3次或以上

11. 您的孩子平均每个月看多少本课外书?

A. □0本

B. □1～2本

C. □3～4本

D. □5本或以上

12. 您的孩子平均每天看多长时间电视?

A. □他不看电视

B. □10分钟以内

C. □10～30分钟

D. □30～60分钟

E. □60分钟以上

13. 您的孩子有没有关注微信上的公众号?

A. □有

B. □没有

C. □我不知

14. 您知道孩子加入了多少个QQ群?

A. □0个

B. □1～5个

C. □5～10个

D. □11个或以上

E. □我不知道

15. 您有没有和孩子在以下媒介中互相关注或互为好友？请在对应的空格上打“√”。

	有	没有	我没使用
QQ			
微信			
微博			

16. 您知道您的孩子经常用电脑（台式或笔记本电脑）做什么？（多选）

A. □听音乐

B. □玩游戏

C. □上网浏览/查找信息

D. □使用QQ

E. □使用微博

F. □看电子书

G. □看视频（电影、电视剧、卡通片）

H. □他没接触过电脑

17. 您知道您的孩子经常用平板电脑（如iPad等）来做什么？（多选）

A. □打电话

B. □发短信

C. □用微信

D. □听音乐

E. □玩游戏

F. □上网浏览/查找信息

G. □使用QQ

H. □使用微博

I. □看电子书

J. □看视频（电影、电视剧、卡通片）

K. □他没接触过平板电脑（如iPad等）

18. 您知道您的孩子通常会用手机来做哪些事情？（多选）

A. □打电话

B. □发短信

C. □用微信

D. □听音乐

E. □玩游戏

F. □上网浏览/查找信息

G. □使用QQ

H. □使用微博

I. □看电子书

J. □看视频（电影、电视剧、卡通片）

K. □他没接触过手机

19. 您的孩子最喜欢的动漫形象是什么？

A. □知道：______________（请填写一个）

B. □不知道

20. 您的孩子最喜欢的电脑网络游戏是什么？

A. □无所谓，有得玩就好

B. □儿童网络游戏（类似《赛尔号》《奥拉星》等）

C. □网页小游戏（7K7K，4399等）

D. □大型网络游戏（《魔兽世界》《穿越火线》等）

E. □棋牌类游戏（飞行棋、三国杀等）

F. □社交类游戏（QQ农场等）

G. □不喜欢玩电子游戏

21. 您的孩子最喜欢的手机游戏是什么？

A. □知道：__________________（请填写一个）

B. □不知道

22. 您的孩子最喜欢的平板电脑（如iPad等）游戏是什么？

A. □知道：__________________（请填写一个）

B. □不知道

23. 您的孩子周末（包括周六及周日两天）使用电脑、手机、平板电脑等电子媒介的时间大约多久？

A. □30分钟以内

B. □30～60分钟

C．□1～2小时

D．□2小时以上

E．□从来不使用

24．您有没有从金钱上支持过孩子玩网络游戏？

A．□有

B．□没有

25．您知道您的孩子在网络游戏中加入过多少个联盟、工会或组织等网上虚拟社团？

A．□0个

B．□1～5个

C．□6～10个

D．□11个或以上

E．□他不玩网络游戏

F．□我不知道

26．您几岁为孩子配了属于他自己的手机？

A．____________________（填写年龄）

B．□我没有为他配手机

27．您在给孩子配手机的时候，有没有进行过约定（如约定玩多长时间、不能看哪些内容）？

A．□有，但只是随便口头上说说

B．□有，我们签订了书面的约定保证书

C．□没有进行约定

D．□我没有为孩子配手机

28．您有没有为孩子筛选过手机或平板电脑上应用程序（APP）的内容？

A．□有

B．□没有

29．如果孩子找您要手机或平板电脑（如iPad等）玩，您怎样答复？

A．□直接给，不会有任何限制

B．□看情况才给，比如要先完成作业

C．□会约定好玩的时间或内容

D．□孩子有自己专用的手机或平板电脑（如iPad等），不需要问我拿

E. □我从来不准孩子玩手机或平板电脑（如iPad等）

30. 您有告诉过孩子您手机或平板电脑的密码吗？

A. □有，他可以自己随时使用

B. □没有，他每次使用都要经过我同意

C. □没有，因为我的手机或平板电脑没有密码

D. □我从来不让他使用手机和平板电脑

31. 您对孩子上网的态度是什么？

A. □赞成

B. □反对

C. □不赞成也不反对

32. 您对孩子玩网络游戏的态度是什么？

A. □赞成

B. □反对

C. □不赞成也不反对

33. 您是否经常陪孩子一起看电视？

A. □有

B. □没有

34. 您家里的台式电脑放在什么地方？

A. □客厅、书房等相对公开的地方

B. □我的房间

C. □孩子的房间

D. □随便放，没有固定的地方

35. 您家里的电脑有没有安装上网过滤软件？

A. □有

B. □没有

36. 您知道孩子上网时（如QQ、网络游戏等）使用的账号密码吗？

A. □知道

B. □不知道

C. □孩子没有使用

37. 您有没有查看过孩子的上网记录？

A. □有

B. □没有

C. □孩子没有上网的习惯

38. 您有没有查看过孩子的QQ聊天记录?

A. □有

B. □没有

C. □孩子没有使用

39. 您有没有和孩子一起玩过电子游戏（含台式电脑、平板电脑或手机上的游戏）?

A. □有

B. □没有

40. 您的孩子有没有认识陌生网友（现实生活中不认识的人）?

A. □有

B. □没有

C. □我不清楚

41. 您知道您的孩子的陌生网友（现实生活中不认识的人）是怎样认识的?

A. □别人主动加他认识的

B. □电脑或手机的设置自动弹出来让他加的

C. □他主动搜索加别人的

D. □他没有网友

E. □我不知道

42. 在上网方面，您觉得谁懂得更多?

A. □我懂得更多

B. □孩子懂得更多

43. 您觉得您了解孩子平时上网时候在做什么吗?

A. □了解

B. □不了解

44. 您觉得您的孩子在生活中遇到不懂的问题，他会先去问谁?

A. □老师

B. □爸爸

C. □妈妈

D. □同学、朋友

E. □上网找答案

45. 您觉得您的孩子在学习中遇到困难时首先想到的是？

A. □上网搜索答案

B. □查字典或相关书籍

C. □问爸爸

D. □问妈妈

E. □问同学、朋友

F. □问老师

46. 您觉得您的孩子使用台式电脑、平板电脑或手机等电子产品遇到问题时（比如电脑开不了机），他通常会求助于谁？

A. □老师

B. □同学、朋友

C. □爸爸

D. □妈妈

E. □自己看说明书或上网找方法

F. □从未遇到过问题

47. 您觉得您的孩子在网上遇到让你感到不舒服或很奇怪的内容，他首先会选择和谁说？

A. □爸爸

B. □妈妈

C. □老师

D. □同学、朋友

E. □网友（现实生活中不认识）

F. □谁也不说

48. 您觉得如果您的孩子在上网时遇到要求他填写真实资料（姓名、电话、地址等），他会怎样做？

A. □直接填

B. □咨询父母的意见

C. □他从来不填

49. 您有教过孩子如何预防网络诈骗吗？

A. □有

B. □没有

50. 您知道您的孩子曾经在网上发表或上传过以下哪些内容？（多选）

A．□文章

B．□图片

C．□声音

D．□视频

E．□他不喜欢在网上发表任何东西

F．□我不知道

51．您知道您的孩子在微博、微视、美拍、唱吧等应用（APP）或者网站上，有自己的粉丝吗?

A．□有

B．□没有

C．□我不知道

52．您知道您的孩子最喜欢在微信朋友圈、微博、QQ空间、百度贴吧等社交媒体上做的事情是?

A．□了解同学、朋友的情况

B．□了解自己喜欢的动漫、明星、游戏的情况

C．□和大家分享自己的喜、怒、哀、乐

D．□他不使用

E．□我不知道

53．您的孩子有遇到过网络欺凌（如孩子的不雅照被贴到网上，或者在网上被人谩骂等）吗?

A．□有

B．□没有

C．□我不知道

54．您知道孩子最希望未来从事什么职业吗?

A．□当老师

B．□当官

C．□当科学家

D．□当老板

E．□当明星

F．□当专家（律师、医生、工程师等）

G．□当运动员

H. □当工人/农民

I. □当军人（警察等）

J. □当作家/艺术家

K. □其他

L. □不清楚

55. 您希望孩子未来从事什么职业？

A. □当老师

B. □当官

C. □当科学家

D. □当老板

E. □当明星

F. □当专家（律师、医生、工程师等）

G. □当运动员

H. □当工人/农民

I. □当军人（警察等）

J. □当作家/艺术家

K. □其他

L. □不清楚

56. 您知道孩子的偶像是谁吗？（只写一个）

____

57. 您家有哪些媒介和电子产品？请在对应数量的空格上打“√”。

种类	数量			
	0种/台	1种/台	2种/台	2种/台以上
报刊				
电视机				
电脑				
手机				
平板电脑（如iPad等）				
游戏机（如PSP、NDS等）				

58. 您最喜欢哪些媒介?

A. □报刊

B. □广播

C. □电视

D. □电脑(台式电脑或笔记本电脑)

E. □课外书

F. □手机

G. □平板电脑(含平板电脑等)

H. □其他______________(请注明)

59. 您在家上网喜欢干什么?(多选)

A. □使用QQ

B. □使用微博

C. □使用微信

D. □玩网络游戏

E. □网上购物

60. 您经常使用什么方式和朋友们联系?(多选)

A. □面对面

B. □QQ等基于电脑的社交软件

C. □微信等基于手机的社交软件

D. □手机短信

E. □电子邮件

F. □在网络游戏中与别人联系

G. □微博

H. □手机打电话

I. □固定电话

61. 您最喜欢使用的交流方式是?

A. □面对面

B. □QQ等基于电脑的社交软件

C. □微信等基于手机的社交软件

D. □手机短信

E. □电子邮件

F. □在网络游戏中与别人联系

G. □微博

H. □手机打电话

I. □固定电话

62. 您平均每个月去电影院看多少次电影？

A. □0次

B. □1次

C. □2次

D. □3次或以上

63. 您平均每个月看多少本书？

A. □0本

B. □1~2本

C. □3~4本

D. □5本或以上

64. 您平均每天看多长时间电视？

A. □我不看电视

B. □10分钟以内

B. □10~30分钟

C. □30~60分钟

D. □60分钟以上

65. 您在微信上关注了多少个微信公众号？

A. □0个

B. □1~10个

C. □11个或以上

66. 您加入了多少个QQ群？

A. □0个

B. □1~5个

C. □6~10个

D. □11个或以上

67. 您经常用电脑（台式或笔记本电脑）做什么？（多选）

A. □听音乐

B. □玩游戏

C. □上网浏览/查找信息

D. □使用QQ

E. □使用微博

F. □看电子书

G. □看视频（电影、电视剧、卡通片）

H. □上网购物

I. □没接触过电脑

68. 您通常会用平板电脑（如iPad等）来做哪些事情？（多选）

A. □打电话

B. □发短信

C. □用微信

D. □听音乐

E. □玩游戏

F. □上网浏览/查找信息

G. □使用QQ

H. □使用微博

I. □看电子书

J. □看视频（电影、电视剧、卡通片）

K. □上网购物

L. □没接触过平板电脑（如iPad等）

69. 您经常用手机做什么？（多选）

A. □打电话

B. □发短信

C. □用微信

D. □听音乐

E. □玩游戏

F. □上网浏览/查找信息

G. □使用QQ

H. □使用微博

I. □看电子书

J. □看视频（电影、电视剧、卡通片）

K. □上网购物

L. □没接触过手机

70. 您最喜欢的手机游戏是什么?

A. ________________

B. □没使用过手机玩游戏

71. 您最喜欢的平板电脑（如iPad等）游戏是什么?

A. ________________

B. □没有使用过平板电脑（如iPad等）

72. 您在网络游戏中加入过多少个联盟、工会或组织等网上虚拟社团?

A. □0个

B. □1～5个

C. □6～10个

D. □11个或以上

E. □我不玩网络游戏

73. 您的陌生网友（现实生活中不认识的人）是怎样认识的?

A. □别人主动加我认识的

B. □电脑或手机的设置自动弹出来让我加的

C. □我主动搜索加别人的

D. □我没有网友

74. 如果有陌生网友（现实生活中不认识的人）约您见面，您会怎么做?

A. □直接去

B. □和家人聊一下再决定

C. □和朋友聊一下再决定

D. □不去

75. 在生活中遇到不懂的问题，您会先去问谁?

A. □家人

B. □朋友

C. □上网找答案

76. 您在使用台式电脑、平板电脑或手机等电子产品遇到问题时（比如电脑开不了机），您通常会求助于谁?

A. □朋友

B. □家人

C. □自己看说明书或上网找方法

D. □从未遇到过问题

77. 如果发现孩子上网浏览色情内容，您会怎么做?

A. □禁止他再上网，同时严格监管孩子的行为

B. □和孩子谈心，问清楚情况再引导

C. □求助于老师

D. □求助于社会机构或者专家

E. □不知所措

78. 如果知道孩子要去见陌生网友，您会怎么做?

A. □告诉他这种会面有危险，并禁止他去

B. □尊重孩子的意愿，并陪同他去

C. □相信孩子有判断能力，放心让他自己去

D. □无所谓

79. 如果知道孩子发生“网恋”，您第一时间会怎么做?

A. □禁止他再上网，同时严格监管孩子的行为

B. □和孩子谈心，问清楚情况再引导

C. □求助于老师

D. □求助于社会机构或者专家

E. □不知所措

80. 如果您的孩子沉迷于网络游戏，您会怎么做?

A. □禁止他再上网，同时严格监管孩子的行为

B. □和孩子谈心，问清楚情况再引导

C. □求助于老师

D. □求助于社会机构或者专家

E. □不知所措

81. 如果您在上网时遇到要求您填写真实资料（姓名、电话、地址等），您会怎样做?

A. □直接填

B. □咨询家人或者朋友的意见

C. □从来不填

D. □看情况填

82. 您曾经在网上发表或上传过以下哪些内容？

A. □文章

B. □图片

C. □声音

D. □视频

E. □我不喜欢在网上发表任何东西

83. 您在微博、微视、美拍、唱吧等应用（APP）或者网站上，有自己的粉丝吗？

A. □有

B. □没有

84. 如果您在网络上被别人骂，您会怎样处理？

A. □不理他

B. □骂回去

C. □告诉家里人或朋友

D. □向管理员举报或投诉

85. 当您怀疑网络上某些内容的真实性时，您会怎么做？

A. □通过更多的媒体了解、核实

B. □继续关注，但不深究

C. □听大家说，但不主动去关注

D. □无所谓，漠不关心

E. □从不怀疑网络内容的真实性

86. 对于孩子上网，您最担心的事情是什么？（多选）

A. □耽误学习

B. □接触不良信息

C. □交上坏朋友

D. □影响视力

E. □影响休息

F. □上当受骗

G. □乱花钱

H. □其他________

87. 您上网时，做过以下哪些事情？（多选）

A. □屏蔽不想接收的信息

B. □屏蔽弹出式广告

C. □屏蔽垃圾邮件

D. □变更社交网页的浏览权限

E. □清除网页浏览痕迹

F. □复原一些能屏蔽特定网站的过滤装置

G. □以上都没有

参考文献

1. Livingstone S, Haddon L, Görzig A, et al. Risks and safety on the internet: The perspective of European children[R]. London: London School of Economics and Political Science, 2012.
2. Livingstone S, Helsper E. Gradations in digital inclusion: Children, young people and the digital divide[J]. New media & Society, 2007, 9（4）：671–696.
3. Livingstone S, Smith P K. Annual Research Review: Harms experienced by child users of online and mobile technologies: the nature, prevalence and management of sexual and aggressive risks in the digital age[J]. Journal of Child Psychology and Psychiatry, 2014, 55（6）：635–654.
4. Livingstone S, Mascheroni G, Staksrud E. Developing a framework for researching children' s online risks and opportunities in Europe[Z]. 2015.
5. Livingstone S. Children And The Internet Great Expectations, Challenging Realities[M]. Cambridge: Polity, 2009.
6. Livingstone S, Haddon L. Kids Online: Opportunities and risks for children[M]. Cambridge: Policy Press, 2009.
7. 刘涛. 网络游戏成瘾对青少年越轨行为的加剧及对策［J］. 青少年犯罪问题，2006（2）：36；2006（2）：39；2006（2）：63.
8. 陈浩然. 青少年越轨与网络游戏成瘾相关性研究［D］. 北京：中国政法大学，2007.
9. 黄思旅，甘怡群. 青少年网络游戏成瘾量表的修订和应用［J］. 中国临床心理学杂志，2006，14（1）：8–10.
10. 高文斌，陈祉妍. 网络成瘾病理心理机制及综合心理干预研究［J］. 心理科学进展，2006（4）：596–603.
11. 杨放如，郝伟. 52例网络成瘾青少年心理社会综合干预的疗效观察［J］. 中国临床心理学杂志，2005（3）：343；2005（3）：345；2005（3）：352.
12. 程亮. 青少年网络成瘾的心理机制及其矫治［J］. 当代教育科学，2003（23）：42–44.

13. 林志雄，邹晓波，谢博，等. 青少年网络成瘾心理药物联合治疗［J］. 神经疾病与精神卫生，2006（2）：127-129.
14. 郭明，喻芳，钞雪林，等. 青少年网络成瘾集体心理治疗效果评价［J］. 中国学校卫生，2008（1）：17-19.
15. 彭阳，周世杰. 青少年网络成瘾与家庭环境、父母教养方式的关系［J］. 中国临床心理学杂志，2007（4）：418；2007（4）：419；2007（4）：439.
16. 李万兵. 论网络成瘾对青少年人际交往的影响［J］. 湖南师范大学教育科学学报，2006，5（1）：99-102.
17. 崔丽娟，赵鑫，吴明证，等. 网络成瘾对青少年的社会性发展影响研究［J］. 心理科学，2006（1）：34；2006（1）：36；2006（1）：33.
18. 陈秀红. 青少年网络成瘾问题的家庭干预与社会工作介入——家庭功能理论视角［J］. 山东省青年管理干部学院学报，2010（1）：29-33.
19. 邓林园，方晓义，伍明明，等. 家庭环境、亲子依恋与青少年网络成瘾［J］. 心理发展与教育，2013（3）：305-311.
20. 张凤宁，张怿萍，邹锦山. 青少年网络成瘾及系统家庭治疗［J］. 中国全科医学，2006（1）：48-50.
21. 卓彩琴，招锦华. 青少年网络成瘾的家庭治疗策略分析——基于三个典型家庭治疗案例的质性研究［J］. 河南社会科学，2008（1）：83-86.
22. 赵璇，柯惠新，陈锐. 青少年网络成瘾的家庭影响因素研究［J］. 现代传播（中国传媒大学学报），2011（4）：108-113.
23. 刘惠军，樊励方，国雪利. 家庭功能对青少年网络成瘾的影响［J］. 中国学校卫生，2009，7：597-599.
24. 赵运锋，周静. 未成年人网络犯罪原因探析与治理对策［J］. 青少年犯罪问题，2014（4）：15-22.
25. 金小红，刘旭. 网络传播背景下的青少年性越轨行为的研究［J］. 山东省青年管理干部学院学报，2007（2）：28-32.
26. 张宗亮. 网络文化与青少年犯罪［J］. 山东社会科学，2004（9）：60-62.
27. 张宗亮. 网络道德失范与青少年犯罪［J］. 犯罪研究，2006（3）：35-40.
28. 陈伟. 网络游戏与青少年犯罪的互动归因及其化解——兼评网络游戏的原罪问题［J］. 青少年犯罪问题，2010（1）：23；2010（1）：27；2010（1）：22.
29. 陈俊. 青少年网络成瘾所引发的犯罪问题与对策研究［J］. 青年探索，2009（5）：

33–38.
30. 朱京. 青少年网络人际交往中的信任问题研究［D］. 武汉：华中农业大学，2004.
31. 陈昌凤，胥泽霞. 网络欺凌与防范——互联网时代的未成年人保护［J］. 中国广播，2013（12）：27–30.
32. 周静，冯秀琪. 网络交往对中小学生现实交往的冲击及对策［J］. 中小学电教，2003（3）：13–16.
33. 丁雪辰，张田，邓欣媚，等. “孤芳自赏”还是“茕茕孑立”：儿童社交淡漠适应功能的文化差异［J］. 心理科学进展，2015（3）：439–447.
34. 石勇. 台湾青少年上网安全问题述略［J］. 中国青年研究，2009（4）：49–52.
35. 邹连方. 青少年上网安全问题的成因及对策［J］. 现代中小学教育，2006（4）：7–9.
36. 王受仁. 新世纪网吧管理与预防青少年违法犯罪［J］. 青少年犯罪问题，2002（1）：18–20.
37. 甘一辰. 比利时《关于儿童娱乐场所配套设施安全性的法令》［J］. 中国青年研究，2002（6）：64–65.
38. 杨攀. 我国互联网内容分级制度研究［J］. 法律科学（西北政法大学学报），2014（2）：184–192.
39. 张化冰. 互联网内容规制的比较研究［D］. 北京：中国社会科学院，2011.
40. 吴用. 未成年人网络保护条例的立法［J］. 中国青年社会科学，2015（2）：75–79.
41. 王凯. 信息过滤技术在教育网中的应用研究［D］. 青岛：山东科技大学，2005.
42. 韩颖. 儿童网络接触行为的双重把关现象研究［D］. 保定：河北大学，2007.
43. 洛厄里，德弗勒. 大众传播效果研究的里程碑［M］. 刘海龙，等译. 北京：中国人民大学出版社，2009.
44. 江宇. 家庭社会化视角下媒介素养影响因素研究［D］. 北京：中国传媒大学，2008.
45. 刘荃. 城市青少年接触媒介行为与家庭环境的相关性研究［J］. 现代传播，2015，37（6）：135–140.
46. 林崇德. 发展心理学［M］. 杭州：浙江教育出版社，2002.
47. 缪建东. 家庭教育社会学［M］. 南京：南京师范大学出版社，1999.
48. 俞国良. 社会心理学［M］. 1版. 北京：北京师范大学出版社，2006.
49. 纽曼. 发展心理学［M］. 白学军，等译. 西安：陕西师范大学出版社，2005.
50. 费尔德曼. 发展心理学——人的毕生发展［M］. 4版. 苏彦捷，等译. 北京：世界图书出版公司，2007.

51. 卜卫. 关于儿童媒介需要的研究［J］. 新闻与传播研究，1996（3）：14.
52. 陆晔，黄东亮，周葆华. 媒介使用与青少年闲暇生活——“离网离视”活动个案分析［J］. 新闻记者，2006（4）：3-6.
53. 张煜麟. 社交媒体时代的亲职监督与家庭凝聚［J］. 青年研究，2015（3）：48-57.
54. 王佑镁，杨晓兰，胡玮，等. 从数字素养到数字能力：概念流变、构成要素与整合模型［J］. 远程教育杂志，2013（3）：24-29.
55. 利文斯通. 儿童与互联网：现实与期望的角力［M］. 郭巧丽，译. 北京：电子工业出版社，2013.
56. 利文斯通，哈登. 儿童上网之机会与风险［M］. 李淼，译. 北京：中国社会科学出版社，2011.
57. 泰普斯科特. 数字化成长3.0［M］. 云帆，译. 北京：中国人民大学出版社，2009.
58. 张海波. 苹果世代：“00后”儿童的媒介化生存及其媒介素养教育研究［M］. 广州：南方日标出版社，2013.
59. 张海波. 媒介素养（小学生读本）［M］. 广州：南方日报出版社，2013.
60. 张海波. 媒介素养（亲子读本）［M］. 广州：南方日报出版社，2013.
61. 张海波. 媒介素养（教师读本）［M］. 广州：南方日报出版社，2013.
62. 张海波. 媒介安全教育（小学生读本）［M］. 广州：南方日报出版社，2013.
63. 张海波. 媒介素养（小学生读本）［M］. 广州：南方日报出版社，2016.
64. 张海波. 家庭媒介素养教育［M］. 广州：南方日报出版社，2016.
65. 张海波. 小学生网络安全教育［M］. 广州：南方日报出版社，2016.
66. 张海波，何薇. 学校中的媒介素养教育［M］. 广州：广东教育出版社，2016.
67. 张海波，何薇. 图说媒介故事系列丛书［M］. 广州：广东教育出版社，2016.
68. 林文刚. 媒介环境学［M］. 何道宽，译. 北京：北京大学出版社，2007.
69. 单晓红. 媒介素养引论［M］. 杭州：浙江大学出版社，2008.
70. 卡尔弗特. 信息时代的儿童发展［M］. 张莉，杨帆，译. 北京：商务印书馆，2007.
71. 王帆. 教育技术学视野中的媒介素养教育研究［M］. 北京：中国社会科学出版社，2011.
72. 陆晔，等. 媒介素养：理念、认知、参与［M］. 北京：经济科学出版社，2010.
73. 卜卫. 大众媒介对儿童的影响［M］. 北京：新华出版社，2002.
74. 保罗·莱文森. 新新媒介［M］. 何道宽，译. 上海：复旦大学出版社，2011.
75. 莱文森. 软利器［M］. 何道宽，译. 上海：复旦大学出版社，2011.

76. 莱文森. 数字麦克卢汉——信息化新纪元指南［M］. 何道宽，译. 北京：社会科学文献出版社，2001.
77. 莱文森. 手机——挡不住的呼唤［M］. 何道宽，译. 北京：中国人民大学出版社，2004.
78. 莱文森. 莱文森精粹［M］. 何道宽，译. 北京：中国人民大学出版社，2007.
79. 麦克卢汉. 理解媒介——论人的延伸［M］. 何道宽，译. 北京：译林出版社，2011.
80. 麦克卢汉. 麦克卢汉如是说：理解我［M］. 何道宽，译. 北京：中国人民大学出版社，2006.
81. 麦克卢汉. 机器新娘——工业人的民俗［M］. 何道宽，译. 北京：中国人民大学出版社，2004.
82. 波兹曼. 童年的消逝［M］. 吴燕莛，译. 桂林：广西师范大学出版社，2011.
83. 波兹曼. 娱尔至死［M］. 吴燕莛，译. 桂林：广西师范大学出版社，2011.
84. 波兹曼. 技术垄断［M］. 何道宽，译. 北京：北京大学出版社，2007.
85. 爱森斯坦. 作为变革动因的印刷机［M］. 何道宽，译. 北京：北京大学出版社，2010.
86. 克劳利，海尔. 传播的历史［M］. 5版. 董璐，何道宽，王树国，译. 北京：北京大学出版社，2011.
87. 凯利. 失控——全人类的最终命运和结局［M］. 东西文库，译. 北京：新星出版社，2010.
88. 凯利. 科技想要什么［M］. 熊祥，译. 北京：中信出版社，2011.
89. 摩尔. 草根媒体［M］. 陈建勋，译. 南京：南京大学出版社，2010.
90. 米耶热. 传播思想［M］. 陈蕴敏，译. 南京：江苏人民出版社，2008.
91. 罗杰斯. 传播学史［M］. 殷晓蓉，译. 上海：上海译文出版社，2012.
92. 安裘琳，霍尔. 家有玩主［M］. 汤斌浩，译. 北京：清华大学出版社，2010.
93. 鲍尔莱恩. 最愚蠢的一代［M］. 杨蕾，译. 天津：天津社会科学院出版社，2011.
94. 卡尔. 浅薄：互联网如何毒化了我们的大脑［M］. 刘纯毅，译. 北京：中信出版社，2010.
95. 施尔玛赫. 网络至死［M］. 邱袁炜，译. 郑州：龙门书局，2011.
96. 埃布尔森，莱丁，刘易斯. 数字迷城：信息爆炸改变你的生活［M］ 李卉，王思敏，张魏，译. 北京：人民邮电出版社，2011.
97. 胡泳. 众声喧哗［M］. 桂林：广西师范大学出版社，2008.

98. 卡茨. 媒介研究经典文本解读［M］. 常江，译. 北京：北京大学出版社，2010.
99. 奎尔曼. 颠覆：社会化媒体改变世界［M］. 刘吉熙，译. 北京：人民邮电出版社，2010.
100. 萨德尔，隆. 视读传媒研究［M］. 章浩，译. 合肥：安徽文艺出版社，2009.
101. 水越伸. 数字媒介社会［M］. 冉华，于小川，译. 武汉：武汉大学出版社，2009.
102. 查德威克. 互联网政治学：国家、公民与新传播技术［M］. 任孟山，译. 北京：华夏出版社，2010.
103. 艾萨克森. 史蒂夫·乔布斯传［M］. 管延圻，魏群，余倩，译. 北京：中信出版社. 2011.
104. 哈特利. 全民书写运动［M］. 郑百雅，译. 台北：漫遊者文化，2012.
105. 瓦茨. 六度分隔［M］. 陈禹，等译. 北京：中国人民大学出版社，2011.
106. 迈尔－舍恩伯格，库克耶. 大数据时代［M］. 盛杨燕，周涛，译. 杭州：浙江人民出版社，2012.
107. 张学波. 国际媒体素养教育的课程发展［M］. 广州：暨南大学出版社. 2009.
108. 凯茨，莱斯. 互联网使用的社会影响［M］. 盛杨燕，周涛，译. 北京：商务印书馆，2007.
109. 洛根. 理解新媒介：延伸麦克卢汉［M］. 何道宽，译. 上海：复旦大学出版社，2012.
110. 吕巧平. 媒介化生存——中国青年媒体素质研究［M］. 北京：中国传媒大学出版社，2007.
111. 罗德曼. 认识媒体［M］. 2版. 邓建国，译. 北京：世界图书出版公司，2011.
112. 阿萨·伯杰. 媒介研究技巧［M］. 2版. 张晶，易正林，译. 北京：中国人民大学出版社，2009.
113. 林文刚. 媒介环境学［M］. 何道宽，译. 北京：北京大学出版社，2007.
114. 邦克. 世界是开放的：网络技术如何变革教育［M］. 焦建利，译. 上海：华东师范大学出版社，2011.